KB092517

나의 직업

세무사

행복한 직업 찾기
나의 직업 세무사

1판 1쇄 펴낸날 2014년 3월 18일
1판 4쇄 펴낸날 2020년 11월 20일

엮 은 이 | 청소년행복연구실
펴 낸 곳 | 동천출판

등   록 | 2013년 4월 9일 제319-2013-25호
주   소 | 서울특별시 서초구 효령로 60길 15(서초동, 202호)
전화번호 | (02) 588 - 8485
팩   스 | (02) 583 - 8480
전자우편 | dongcheon35@naver.com

값 15,000원
ISBN 979-11-85488-14-1 44370

행복한 직업 찾기 시리즈

나의직업

세무사

Dongcheon
동천출판

CONTENTS

③

세무사가 되는 길

PART 1

사회생활과
세금

세금을 이해하기 위해서는 먼저 세금을 받아가는 국가나 지방자치단체가 우리를 위하여 무엇을 하고 있는 지를 생각해보아야 한다. 지금 이 순간에도 나라의 곳곳에서 다른 나라의 침략을 막기 위해 군인들은 일을 하고 있다. 119 구급대원은 갑작스러운 어려움에 빠진 사람을 구하기 위해 출동을 준비하고 있을 것이다. 교육청에서 더 나은 교육환경 여건을 조성해주기 위해 일하고 있는 공무원이나 소외계층을 돕는 사회복지 공무원들도 국민을 위해 일하는 사람들이다.

1

세금이란?

세금의 의미

　매일 아침 집을 나서서 하루 일과를 하고 돌아오는 동안 우리는 알게 모르게 수많은 세금을 지불한다. 사실 오늘날 세금을 내지 않고 산다는 것은 거의 불가능한 지경이다. 슈퍼마켓이든 마트든 문구사든 어디에 가서 무엇을 사더라도 이미 그 안에는 세금이 포함되어있기 때문이다. 연극을 보기 위해 극장에 가서 사는 연극 티켓에도 세금이 들어있으며 택시를 타면 지불하게 되는 택시 요금에도 이미 세금이 포함되어 있는 것이다.

　이렇듯 우리가 알지 못하고 지불하게 되는 세금 외에도 우리가 미리 알고 지불하게 되는 세금도 있다. 매달 봉급을 받는 사람들은 근로소득세를 제하고 월급을 받게 되며 집을 가지고 사는

사람들은 재산세와 종합부동산세, 지방교육세를, 사업을 하는 사람은 종합소득세를 나라에 납부하는 것이다.

도대체 세금이 무엇이길래 우리는 이렇게 세금을 내어야 할까?

우리가 세금을 이렇게 지불하는 것은 세금을 뜻하는 한자 '세(稅)'자를 살펴보면 이해하는데 도움이 될 것이다. 세금의 세(稅)를 하나하나 뜯어보면 벼 화(禾)와 바꿀 태(兌)가 포함되어 있다. 바꿀 태(兌)는 '빼내다'라는 뜻도 가지고 있다. 수확한 벼 가운데에서 빼낸다는 뜻으로 가을걷이가 끝난 후 거두어들인 곡식 중에서 일부를 빼내어 나라에 바친다는 뜻을 가지고 있는 것이다.

그렇다면 나라에 세금을 내야 하는 이유는 무엇일까? 많은 사람들이 가지는 의문 중 하나는 왜 힘들게 일하고 받은 자신의 봉급에서 나라가 세금을 꺼내 가느냐는 것이다. 세금을 내야 하는 것이 국민으로서의 의무라는 것을 제대로 받아들이지 못하는 사람들은 세금을 내지 않기 위해 불법적인 일들을 자행하고 그로 인해 더 큰 벌금을 물거나 감옥에 가기도 한다.

세금을 이해하기 위해서는 먼저 세금을 받아가는 국가나 지방자치단체가 우리를 위하여 무엇을 하고 있는지를 생각해보아야 한다. 지금 이 순간에도 나라의 곳곳에서 다른 나라의 침략을 막기 위해 군인들은 일을 하고 있다. 119 구급대원은 갑작스러운 어려움에 빠진 사람을 구하기 위해 출동을 준비하고 있을 것이다. 교육청에서 더 나은 교육환경 여건을 조성해주기 위해 일하고 있는 공무원이나 독거노인들을 찾아다니며 소외계층을 돕는 사회복지 공무원들도 국민을 위해 일하는 사람들이다. 이들 이외에도 많은 사람들이 우리 국민 모두의 안녕과 행복을 위하여 열심히 일을 한다. 그런데 이러한 모든 일에는 돈이 필요하다. 군사 무기를 사는 데에도 돈이 필요하고, 소방대원들의 장비를 구하는 데에도, 부상당한 시민을 구조하는 데에도 물자와 인력이 필요한 것이다. 즉 사회의 공동선을 실현하는데 돈이 필요한데 이 돈을 한 개인이나 기업이 부담하기에는 너무 벅차다. 따라서 모든 국민이 자신의 능력에 따라 이 돈을 부담하는데 이것이 바로 세금인 것이다.

국민들의 평화롭고 행복한 삶을 위하여, 그리고 최소한의 인간다운 삶을 위하여 우리가 살아가는 사회적 환경을 조성해 나가

야 하는데 이는 개개인이 할 수 없는 영역이기에 국가가 이를 행한다. 즉 정치가 행하여지는 것이다. 우리가 내는 세금은 바로 이곳에 사용되는 것이다. 말하자면 세금을 내는 우리 자신을 위하여 사용된다는 말이다.

한 가정의 살림살이를 가계라고 하는데 집안의 살림을 꾸리는 어머니가 돈을 좀 더 효율적으로 사용하기 위하여 가계부를 쓰는 것과 마찬가지로 정부도 한 나라의 효율적인 살림살이를 위해 예산안을 작성하고 이 안을 실천하는 데 필요한 돈을 배정한다. 이 돈을 예산이라고 하는 데 이 예산의 상당 부분을 국민의 세금으로 충당한다. 그리고 부족한 부분들은 공기업의 이익금이나 차관, 국채 등으로 보충한다.

　이처럼 국민이 내는 세금은 국민 개개인 모두가 보다 행복한 생활을 할 수 있도록 일자리를 만들고 치안 질서를 유지하며, 사회정의를 실현하는데 사용된다. 오늘날 우리가 타 민족의 침략을 받지 않고, 범죄의 공포에 떨지 않으며, 공부를 하고 자신의 꿈을 펼쳐 나갈 수 있는 것은 바로 우리가 낸 세금으로 그러한 사회적 환경을 만들어나가기 때문이다.

　그래서 국민은 세금을 내지만 동시에 세금의 주인이기도 하다. 그 세금을 정말 우리를 위하여 사용하였는지 감독할 권리를 국

조세법률주의란?

세금을 국가나 왕이 마음대로 부과하면 국민들은 많이 힘들어진다. 그래서 국가나 왕이 마음대로 세금을 매기지 못하도록 하고 오로지 법률로서만 세금을 결정하고 부과하도록 정해 놓은 것을 조세법률주의라 한다. 즉 법에 정해져 있지 않은 세금은 납부할 의무가 없는 것이다.

우리나라 헌법 제38조에서는 "모든 국민은 법률이 정하는 바에 의하여 납세의 의무를 진다"라고 하고, 제59조에서는 "조세의 종목과 세율은 법률로 정한다"라고 명시하여 헌법상 법률에 의해서만 세금을 부과할 수 있도록 조세법률주의를 명문화 하고 있다.

민이 갖고 있는 것이다. 그래서 납세는 의무이자 권리라 한다.

그런데 나라에는 다양한 입장과 처지의 사람들이 모여살고 있으며, 개인의 능력 또한 천차만별이기 때문에 모든 사람이 똑같이 같은 액수의 세금을 낼 수는 없다. 더 많이 벌고 더 많이 가진 사람들이 그렇지 아니한 사람들 보다 더 많은 세금을 내며 아주 가난한 사람은 세금을 내지 않는다. 그들은 거꾸로 나라로부터 돈을 받는다.

이처럼 세금은 가진 자와 가지지 못한 자가 모여 살면서 모두가 인간다운 삶을 살아갈 수 있도록 하는 인류의 지혜라 하겠다. 이러한 제도를 통해 나라의 국민들 모두가 좀 더 나은 삶의 질을 추구할 수 있게 되는 것이다.

정치와 세금의 역사

서양의 역사 속에 나타나는 세금

한자 속에 숨겨진 세금을 뜻하는 '세(稅)'에 벼'화(禾)'자가 들어 있는 것은 세금에 대해 또 다른 의미를 우리에게 보여 준다. 이는 세금이 유목생활을 마친 민족이 어느 곳에서 정착하여 농사를 지은 후 발생되었다는 사실이다. 즉 농경사회가 시작되면서 세금이라는 것이 생겨난 것을 알 수 있다. 또 그 당시의 주요 생산물이 쌀이었다는 것도 알 수 있는 것이다.

그러면 서양은 어떠했을까?

이제 서양의 기록 속에서 나타나는 세금의 시작을 한 번 살펴보고자 한다.

■ **이집트 · 로마 역사 속의 세금**

세금에 대한 서양의 첫 기록 역시 벼에서 시작된다. 기원 4000년 전 메소포타미아 지방에서 발견된 점토판이 바로 그것이다.

처음에는 개인이 머릿속으로 기억하였는데 그 세금이 점차 늘어나면서 기억이 어려워지자 점토판에 세금의 모양을 그려 기록해 놓은 것이다. 쌀로 낸 세금에 대해 벼 모양을 그려서 기록하는 식이었다. 실지 이러한 기록은 그 후 상형문자로 변모하기도 하

였다.

메소포타미아의 문명의 발달과 비슷한 시기에 발달하였던 이집트의 세금에 관한 기록도 있는데 성경을 보면 요셉의 이야기를 통해 이집트 파라오 시대의 조세제도를 찾아 볼 수 있다. 요셉은 어느 날 파라오가 꾼 이상한 꿈을 해석하여 이집트의 흉년과 풍년을 예언하게 되는데 파라오는 그의 해석을 신뢰하여 큰 창고를 만들어 풍년이 들 때의 쌀을 비축하게끔 하였다. 요셉은 왕의 신임을 얻어 그 창고를 맡아보는 사람이 되었으며 7년간의 풍년을 이은 7년간의 흉년이 닥쳤을 때에 이집트 백성들과 주변 나라의 사람들에게 쌀을 빌려주는 일을 하였다. 기근이 계속되자 사람들은 파라오의 곡식 창고로 와서 쌀을 사고자 하였다. 처음에는 돈을 주고 사던 사람들도 돈마저 떨어지자 자신들의 재산과 땅을 맡기고 쌀을 얻어가게 되었다. 그 결과 이집트의 모든 것이 파라오의 손에 넘어가게 되었고 모든 백성들은 그의 땅에서 일을 하는 일꾼이 될 수밖에 없었다. 백성들은 그 땅에 곡식을 심을 씨앗마저 파라오에게 빌려야만 하는 지경이었다. 요셉은 백성들에게 종자를 나눠주며 말하였다.

"너희는 오늘 너희와 너희 밭을 파라오에게 바쳤다. 여기 씨앗이 줄테니 가져가서 심어라. 그 땅은 너희의 것이 아니고 파라오에게 빌린 것이니 추수를 할 때마다 5분의 1을 파라오에게 바쳐야만 한다. 나머지 5분의 4만이 너희 것이다."

이러한 상황을 통해 우리는 이집트에서 재산의 국유화와 토지세가 발생되는 과정을 알 수 있게 된다.

고대 이집트에서는 곡식, 포도, 과일, 생선과 꿀에 각각 다른 세금이 매겨지고 있었다. 곡식은 자신이 생산한 전체의 20%를, 포도를 비롯한 과일은 17%, 생선은 25%였으며 꿀은 25%의 세금을 내야만 했다. 또한 외국에서 들여오는 물품에 대해서도 과세가 매겨지기도 하였다.

세금에 대한 또 다른 기록은 로제타석에서도 발견된다. 로제타석은 고대 이집트 상형문자의 해독을 위한 열쇠로 불리는 것으로 나폴레옹의 이집트 원정에서 발견되었다. 문자가 가득 새겨져 있는 이 돌은 알렉산드리아에서 한참 떨어진 지중해 해변의 작은 마을 로제타에서 발견되어 그런 이름이 지어졌다.

로제타석에는 세 가지의 문자가 기록되어 있는데 고대 이집트의 상형문자, 아랍인들이 사용하였던 민중문자 그리고 그리스 문자였다. 그 당시에는 그리스가 이집트를 지배하고 있었는데 그리스인들이 너무나도 과도한 세금을 이집트인들에게 물리자 이에 반발한 군대가 반란을 일으킨 것이다. 결국 왕은 평화를 얻는 조건으로 그때까지 연체되었던 세금과 향후 사원에 관한 세금들을 받지 않기로 약속하였다. 사원의 승려들은 그 사실을 기록해 놓기로 하였고 그 내용을 담은 것이 바로 로제타석인 셈이다. 로제타석에 그리스어가 사용된 이유는 그리스에서 세금을 받으러 온 사람들이 읽을 수 있도록 하기 위해서였다.

성경에 보면 죄인들과 세리들을 함께 언급할 만큼 '세리' 즉 세금을 거두는 직업을 가진 사람들을 나쁘게 묘사하고 있다. 아테네에서도 세금을 징수하는 일은 민간 세금징수업자들에게 맡겼는데 이들은 납세자들을 수탈하는 일을 서슴치 않았다.

그 당시에는 세금을 국가에서 정하는 것이 아니라 징수업자들의 낙찰을 통해 이루어졌는데, 큰 금액을 부르는 사람이 세금을 거두는 식이었다. 이런 방식으로 고대국가의 정부는 매우 손쉽게 재정을 확보할 수 있었다. 낙찰 금액을 높이 부른 징수업자일수록 사람들을 혹독하게 다루어 세금을 징수했으며 그로 인해 사람들은 세금을 거두는 세리들을 두려워할 수 밖에 없었다.

로마 시대에도 세금과 관련한 지방 총독들과 장군들의 부정부패가 심각하였으며 지방 총독들은 자신들의 힘을 앞세워 세금을 내지 않고 있었다. 그래서 당시 황제였던 아우구스투스는 새로운 방식의 조세제도를 고안하게 되었는데 그것이 바로 전쟁세와 인두세였다.

전쟁세는 자신이 가진 재산의 1%를 세금으로 내는 것이었으며 인두세는 성년 남자라면 누구나 지불하여야 하는 것이었다. 이러한 세금은 재산을 등록하고 인구를 세기 위한 호구조사를 통하여 부과 되었다. 성년 남자의 기준이 14세에서 65세였기 때문에 이집트와 같은 경우에는 14년에 한 번씩 인구조사를 하였다. 가가호호 방문하여 새로 태어난 아이가 있으면 등록을 하고 대장에 기록되어 있는 남자 아이의 경우에는 1년에 1살씩 더하여 14살이 차

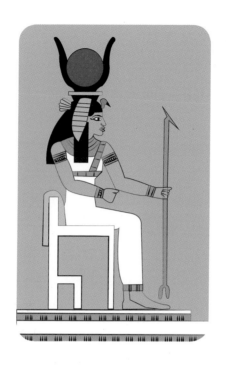

면 세금이 부과되는 식이었다.

　　아우구스투스 황제 이후부터는 세금을 정부에서 직접 징수
하였다. 세금 징수업자 없이 정부가 직접 세금을 받기 위해 호구조
사를 하는 것은 쉽지 않은 일이었다. 그러나 로마 정부의 이러한
정책은 로마의 평화를 더욱 앞당기는 데 일조를 하게 된다.

■ 프랑스 역사 속의 세금

　　중세 프랑스의 왕 필리프 4세는 늘 자금부족에 시달렸다. 그는 어떻게 하면 세금을 많이 쉽게 거둬들일 수 있을까를 고민하는 왕 중 하나였다. 그 당시에는 프랑스와 플랑드르, 영국 등 세 나라가 경쟁 관계에 놓여 있었다.

　　국가 간의 경쟁은 자칫 전쟁을 불러 올 수 있기 때문에 항상 군대를 유지해야 했다. 그런데 군대를 유지한다는 것은 막대한 자금을 필요로 하는데 당시 프랑스를 제외한 영국과 플랑드르는 매우 부유한 국가적 상태였기 때문에 큰 군대를 유지할 수 있었다. 그러다보니 프랑스는 주민들에게 과중한 세금을 부과해야 했고 당연히 민중들은 허덕이는 삶을 살 수 밖에 없었다.

　　그러던 그가 만들어낸 세금 중 하나는 바로 군대를 면제해주는 대신 세금을 내게 하는 것이었다. 중세시대에는 봉건제도가 이루어지고 있었는데 이는 왕에게 충성하는 기사들에게 왕이 토지를 나누어주고 그 땅을 다스리게끔 하는 것이었다. 대신에 기사들은 왕에게 세금을 바쳐야 하고 전쟁이 나면 나가서 함께 싸워야 하는 의무를 가지게 되었다. 필리프 4세는 국왕을 위한 전쟁의 의무를 사면해주는 대신에 세금으로 이를 받겠다는 것이었다.

　　이에 기사들은 참전의 의무를 돈으로 대신 하기 위해서 자신의 영토 안에 살고 있는 평민들에게 세금을 거두어들였다. 화로세와 판매세를 부과했는데 집 안에 설치되어 있는 화로에게 부가되는 화로세는 농촌과 작은 도시에서 징세되었으며 판매세는 큰 도시에서 매겨졌다.

영국과의 전쟁을 예감한 필리프 4세는 엄청난 징세를 요구하였다. 이로 인해 모든 신민이 재산의 1%에 해당하는 세금을 국왕에게 바치는 상황에 까지 이르렀다. 이렇게 되자 왕은 자신들의 영토에서 세금을 거두어 주는 영주들을 달래기 위해 징수되는 세금의 절반을 그들에게 주기로 약속하였으며 그 후 영주들은 세금의 일부를 가지는 관례를 얻게 되었다.

이후에도 왕은 세율을 더욱 높이고자 하였지만 결국 반대에 부딪히게 되었다. 세금을 거둘 수 없게 된 왕은 납세자들과 직접 협상을 하게 되었으나 도시의 경제 사정을 고려해야만 한다는 영주들의 요구를 들어줄 수밖에 없었다.

프랑스의 혹독한 세금 정책은 날이 갈수록 심해졌고 더불어 민중들의 고통 또한 심각해져만 갔다. 루이 14세에 이르자 왕은 자신의 백성들을 돌보는 것 보다 자신의 배를 불리는 데 급급하였는데 이는 그가 했던 말을 통해서도 알 수 있다.

"모든 것이 내 것이기 때문에, 세금은 원래 내 것이었던 것을 되돌려 받는 것에 지나지 않는다."

당시 민중들은 세금을 부과하는 정부와 왕에게 극도의 분노를 느끼고 있었기 때문에 때로는 세금을 거두러 온 세리를 죽이는 일도 벌어졌다. 왕이 세금을 인상해야겠다고 할 때마다 도시 곳곳에서는 폭동이 일어났고 그를 말리는 일은 쉽지 않았다.

그 당시 학자들은 세금과 가난의 상관관계에 대해 연구하여 가난한 곳일수록 세금을 더 많이 매겨야 한다고 주장하였는데 이는 세금의 부담이 높아질수록 민중들이 일을 더 열심히 하게 될 것이라 믿었기 때문이었다.

2 우리나라의 역사 속에 나타나는 세금

우리나라는 고구려 때 기록에서 제일 처음으로 세금에 대한 언급이 발견된다. 우리나라 세금제도의 핵심은 바로 조(租) 용(庸) 조(調)인데 고려시대를 거쳐 조선시대까지 이어졌다. 삼국 시대에 뿌리를 두는 이 제도는 국가 토지 소유제를 바탕으로 토지의 면적

과 밭의 비옥도에 따라 경작자에게 세금을 부과한다. 이렇게 농지에 부과하는 조(租)는 쌀로 징수했고 호적에 등재된 16~60세의 남자에 매긴 용(庸)은 노동력으로 거둬갔다. 이러한 노동력은 성곽축조와 같은 일에 사용되었다. 조(調)는 가구마다 부과하는데 특산물이나 토산물로 납부하는데 영광 굴비, 개성 인삼, 강화 화문석 등이 세금으로 거두어졌다.

고려시대에 이르러서는 쌀로 징수하였던 조(租)의 납부 기준을 토지 관할권에 따라 공전과 사전으로 구분하여 차별 징수하였으며 노동력은 16세 이상 60세 이하의 평민 남자에게 병역과 부역의 의무를 부과하였다. 군대를 가야만 하는 병역은 옷감인 베로 대

신 할 수 있었다. 특산물에 대해서는 '공부(貢賦)'라는 제도를 실시하여 지역마다 정해진 공물을 바쳤으며 금, 은, 동, 종이, 먹 등과 같은 물건들을 바치기도 하였다.

그런데 세금을 매기는 기준이 남성의 숫자와 나이와 관계되어 있었기 때문에 세금을 거두기 위하여 호구 조사를 행하였다.

조선은 대부분의 조세제도를 고려에서 답습하였다. 과전법은 고려시대 때부터 있었던 것으로 전직 또는 현직의 관리에게 세금을 받을 권리 즉 수조권을 주는 것인데 경기지역의 토지에 한정되어 있었다. 그러나 과전이 세습되고 합병되면서 새로 임명된 관리들에게 줄 토지가 부족해지자 세종은 전국의 토지를 6등급으로 나누어 새로운 방법으로 세금을 거두는 것을 고안하였다. 그리하여 현직 관리에게만 수조권을 지급하는 직전법을 시행하였다. 그리고 농민들의 조세 부담을 줄이기 위해 세율을 줄였다. 그러자 이번에는 국가의 수입이 줄어들었고 이에 나라에서는 다른 여러 가지 부가세를 만들어 징수하게 되었다. 조세제도가 복잡해지고 납부 방법이 각가 달라서 백성들의 고충이 심하였다. 그래서 백성들의 이런 조세 부담을 덜기 위해 시작된 것이 대동법이었다. 그 전에 쌀과 노동력, 현물과 같은 세 가지의 방법으로 거두던 세금을 쌀로 통일 하였고 과세 기준 또한 새롭게 정하였다. 이전에는 집집마다 세금을 매겼는데 이때부터는 토지에만 세금을 부과하여 토지가 없는 농민들은 세금 부담을 덜게 되었다.

16세에서 60세의 양인 남자라면 감당해야 하는 군역제도 역시 농민들의 부담을 가중시켰다. 특히 농번기에 군역을 해야 할 경우 농사를 지을 수 없어서 세금을 내지 못한 농민들의 어려움은 더욱 커졌다. 그러자 군역 대신에 돈이나 옷감을 납부하면 군역을 면제해 주기도 했다.

납세의 의무와 권리

1 납세의 의무

우리는 스스로가 인식하지 못하는 순간에도 세금을 납부하며 살아가고 있다. 그렇다면 우리는 왜 세금을 내야 하는 걸까? 국가는 어떤 이유로 국민들에게 세금을 거둬가는 것일까? 세금을 내야 하는 이유에 대해 몇 가지 이론들이 있다.

첫째는 16~17세기에 프랑스의 장 보댕이 주장했던 것으로 국가는 공공의 복지를 위하여 존재하며 그를 위해 필요한 자금을 만들기 위해서라는 것이다. 이는 국가가 공공의 이익을 실현하기 위해 세금을 거둬야 하며 이는 그 이익을 제공받는 국민이 내야 한다는 것이다.

두 번째는 프랑스의 루소가 주장했던 것으로 국민은 국가가 제공하는 서비스를 얻기 때문에 이에 대한 대가를 치러야 한다는 것이다. 국가는 국민이 납부하는 세금만큼 국민에게 이익을 줘야한다고 주장하였다. 이는 사회계약설을 바탕으로 하고 있었다. 그러나 이 주장이 주는 약점은 바로 세금이 주는 복지 혜택을 가장 많이 받는 가난한 사람들은 정작 세금을 내지 않는다는 사실이었다.

세금을 일종의 보험료라고 생각하는 주장도 있었다. 세금은 자신의 재산을 지키기 위해 국민이 지급하게 되는 보험료라는 것

이다. 그러나 보험료를 어떻게 돌려받고 주장해야 하는지에 대한 설명이 부족하다는 문제가 있었다.

의무설은 국가와 국민을 전체와 부분의 관계로 보는 데에서 시작하였다. 국민 한 명, 한 명이 모여 하나의 국가를 이루는 것이다. 이는 국가를 하나의 유기체로 보는 것을 의미한다. 이러한 국가가 무너지면 그를 이루고 있는 개개인들도 회생할 수 없다는 것이다. 즉, 국가를 떠난 국민도 없으며 국민이 없는 국가도 상상할 수 없다는 것이 이 주장의 근본이다. 이 하나의 유기체인 국가를 유지하기 위하여 그를 이루고 있는 작은 단위의 국민들이 세금을 납부하는 것이다. 헤겔과 같은 사람들이 이러한 주장을 펼쳤다.

법규의무설은 국민들이 뽑은 국회의원들이 만든 법에 명시되어 있기 때문에 세금을 내야한다는 주장이다. 국민의 의사로 만든 헌법 기타 법령에 포함된 세금 관련 법규에는 국가가 채권자이며 국민이 채무자의 신분을 갖게 된다. 납세의무자인 국민들이 그 법규에 따라 의무적으로 또 책임을 지고 세금을 내야 한다는 주장이다. 이는 오늘날 가장 일반적인 세금의 근거가 되는 것이다.

누구에게 얼마의 세금을 매길 것인가에 대한 논의 역시 계속적으로 이루어졌다. 애덤 스미스는 자유주의 경제학자로 자신의 유명한 저서 '국부론'에서 조세에 관한 원칙을 설명하고 있다.

첫째는 특권 계급을 갖지 않고 국민이라면 그 능력에 따라 세금을 내야 한다는 원칙이다. 이를 평등의 원칙이라고 하며 국가의 보호 아래서 자신이 얻는 수입에 비례하여 세금을 내는 것을 의미한다. 이때의 평등은 부자와 가난한 사람들 사이에도 같은 비례의 세금이 매겨 져야 한다는 것이었다.

두 번째로 확실의 원칙을 주장하였는데 이는 납세 방법과 시기, 금액 등 납세해야 할 세금에 관한 내용들이 납세자는 물론이거니와 모든 사람들이 이해할 수 있게끔 쉽고 명료해야 한다는 것이다. 이는 세금을 거두는 정부가 자신들의 편의에 의해 조정하거나 변경해서는 안 된다는 사실을 내포하고 있다.

또 납세자가 가장 편한 시기와 장소, 방법으로 징수되어야 한다는 편의의 원칙을 주장하였다.

마지막은 세금을 거두기 위해 사용되는 금액을 가장 최소화

시켜야 한다는 것이었다. 이는 세금을 거두기 위하여 세금보다 더 큰돈이 사용되는 것을 막아야 한다는 것을 의미했다.

애덤 스미스 외에도 독일의 경제학자였던 아놀드 바그너 역시 조세 제도에 대한 자신의 생각을 주장하였다. 그는 애덤 스미스의 4가지 원칙에 동의하였으며 그에 관련하여 9가지의 구체적인 원칙을 선보이기도 했다.

2 납세자의 권리

　　세금은 국가가 일을 하는데 필요하기 때문에 원활한 징수가 늘 강조되어져 왔다. 그로 인해 국민의 납세 의무가 납세자의 권리 보다 우선시 되어 온 것이 사실이다. 또한 법에 의해 채납자의 입장에 놓인 국민은 상대적으로 열세한 처지에 놓여 지기 때문에 납세자의 권리를 주장할 상황이 아니어서 납세의 의무 만 부각되었다. 그러나 세금을 내는 납세자는 누구나 국가의 일에 돈을 보태는 사람으로서 국가에 대한 권리를 당연히 갖는다. 나라에 따라 그 권리를 행사하는 방법이 다르지만 크게 두 가지로 나누어 생각해 볼 수 있다. 즉 국민으로서의 국가에 대한 권리와 납세자로서 납세 행위에 있어서의 권리이다. 국민으로서의 권리는 국가의 일에 참여하고 의사를 발표하며, 국가의 행위를 감독하는 등의 방법으로 행사하는 적극적 권리이고 납세 행위에 있어서의 권리는 선언적 의미와 수동적 권리 보호 차원에서 행사되어 진다. 국세기본법에 규정된 납세자의 권리 항목은 후자의 경우에 해당한다고 하겠다. 그러나 납세라는 것 자체가 순수한 의무 차원에서 지금의 단계까지 발전해 온 것처럼 앞으로는 더욱 능동적이고 적극적인 권리로 발전해 나갈 수도 있을 것이다.

　　다음은 국세기본법에 규정된 납세자 권리 보호에 관한 규정의 내용들이다.

1 **납세자의 권리헌장 제정 및 교부**

- 국세청장은 납세자권리에 관한 사항과 그 밖에 납세자의 권리보호에 관한 사항을 포함하는 납세자권리헌장을 제정하여 고시하여야 한다.

- 세무공무원은 다음 중 어느 하나에 해당하는 경우에는 납세자권리헌장의 내용이 수록된 문서를 납세자에게 내주어야 한다.
  - 조세범처벌절차법에 따른 범칙사건에 대한 조사를 하는 경우
  - 법인세의 결정 또는 경정을 위한 조사 등 부과처분을 위한 실지조사를 하는 경우
  - 사업자등록증을 발급하는 경우

2 **납세자의 성실성 추정**

- 세무공무원은 납세자의 성실하며 납세자가 제출한 신고서 등이 진실한 것으로 추정한다.

3 **세무조사와 관련한 권리**

- 세무조사권 남용의 금지
- 중복조사의 금지
- 세무조사 시 변호사, 공인회계사, 세무사의 조력을 받을 권리

- 세무조사의 사전통지와 연기 신청
- 납세자의 장부/서류를 세무관서에 임의 보관 금지
- 세무조사 결과 통지

4 비밀 유지
- 세무공무원은 과세정보를 타인에게 제공 또는 누설하거나 목적 외의 용도로 사용해서는 안 된다.

5 정보 제공
- 세무공무원은 납세자가 납세자의 권리의 행사에 필요한 정보를 요구하는 경우에는 신속하게 이를 제공해야 한다.

⑥ 국세청장의 납세자 권리 보호

- 국세청장은 직무를 수행함에 있어 납세자의 권리가 보호되고 실현될 수 있도록 성실하게 노력하여야 한다.
- 납세자의 권리보호를 위하여 국세청에 납세자 권리보호 업무를 총괄하는 납세자보호관을 두고, 세무서 및 지방국세청에 납세자 권리보호업무를 수행하는 담당관을 각각 1인을 둔다.
- 국세청장은 납세자보호관을 개방형직위로 운영하고 납세자 보호관 및 담당관이 업무를 수행함에 있어 독립성이 보장될 수 있도록 하여야 한다.

---

3 세금을 제때 납부하지 않았을 때에 겪는 불이익

① 가산금 부과

세금 납부기일 내에 세금을 내지 않으면 부과된 세금의 5%가 가산금으로 부과된다. 그런데 이후에도 계속 납부하지 않으면 다시 추가로 1.2%씩 매달 늘어나며 최고 60개월 동안 총 72%의 가산금이 늘어나게 된다. 다만, 50만원 미만의 세금에는 중가산금이 붙지 않는다.

② 재산의 압류 및 매각

국가는 납세의 의무를 지닌 사람이 세금을 내지 않을 경우에는 체납자의 재산을 강제로 팔아서 내지 않은 세금(가산금 포함)만큼 제하고 나머지를 돌려준다. 이때 우선은 체납자의 재산을 체납자가 마음대로 처분하지 못하도록 압류를 하고 압류 후에도 계속 세금을 납부하지 않을 경우에는 최종적으로 공매를 통하여 매각한다. 물론 압류 기간 중에 세금을 납부하면 압류가 해제된다.

③ 금융거래의 제한

체납자는 신용정보기관에 체납 사실이 제공되기 때문에 신규대출이 불가능할 뿐만 아니라 신용카드 사용 정지를 통보받게 된다. 국세징수 또는 공익목적을 위하여 고액 체납자나 상습적인 체납자에 관한 자료를 「신용정보의 이용 및 보호에 관한 법률」의 규정에 따라 신용정보기관 즉, 전국은행연합회에 제공하는 것이다. 여기에 정보가 기록되면 신용불량자로 등록되어 각종 금융제재를 받게 되는 것이다. 체납액이 500만 원 이상이면서 체납발생일로부터 1년이 경과하였거나 1년에 3회 이상 체납한 경우, 또 결손 처분액이 500만 원 이상인 경우에 정보가 제공된다.

4 결손처분과 납세의 의무

결손처분이란 정당한 이유로 인해 부과한 조세를 납부할 수 없다고 정부가 인정한 경우 세무서장이나 지방자치단체가 채무액을 소멸시켜주는 행정처분이다. 국세통합전산망 등을 통해 재산 보유 여부를 검색하고 체납자의 재산 소득이 확인되지 않을 경우 결손처분을 내리게 된다. 그러나 소멸 시효가 5년이며 그 전까지는 납세의 의무가 면제되지 않는다. 결손처분을 받은 이후에도 체납정리시스템을 통해 재산, 소득을 점검하며 발생되는 즉시 압류하는 것이다. 이렇게 회수하는 체납 금액은 최근 5년간 3조원에 이른다.

5 납세증명서 발급 불가

납세증명서는 당사자가 납세의 의무를 잘 이행하고 있다는 사실을 증명하는 서류로서 인·허가 신청 시 혹은 금융기관과 거래할 경우 등등에 요구되는 중요한 서류이다.

6 관허 사업의 제한

국가 또는 지방자치단체의 허가와 인가 신청 또는 면허 등록을 할 때 정당한 사유 없이 세금을 체납한 사람에 대해서는 허가하지 않는다. 또 이미 허가를 받아 관허사업을 하고 있더라도 3회 이상 세금이 체납되면 사업의 정지와 허가 취소가 이루어진다.

이러한 관허사업에는 건설업, 숙박업, 유흥음식점업, 식품제조가공업 등이 있다.

⑦ 출국의 규제

5,000만 원 이상 세금을 체납한 사람은 법무부의 출입국관리국 또는 경찰청에 요청하여 출국 금지 또는 여권 발급을 제한할 수 있다.

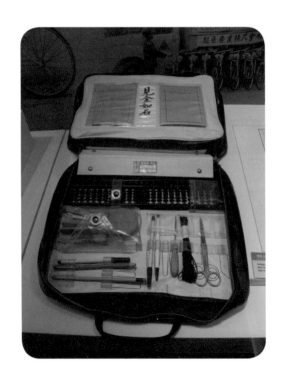

2

세금의 종류와 특성

세금의 종류

세금은 과세 주체와 세금의 성질에 따라 다음과 같이 분류한다.

---

1 국세와 지방세

세금을 누가 부과하느냐 하는 과세 주체별로 분류할 경우에는 국세와 지방세로 나누어지는데 전자는 국가가 부과하는 세금이고 후자는 지방자치단체가 부과하는 것이다.

국세는 국민으로부터 거둬진 세금이 국가의 수입에 포함되어 국방, 외교, 대규모 토목공사, 사회기반시설 구축의 재원으로 쓰이며 지방세는 각 지역의 지방자치단체의 수입에 포함되어 지역경제 발전, 보건위생, 교육, 상하수도 등과 같은 사업에 쓰이는 것이다.

- **국세** : 소득세, 법인세, 상속세와 증여세, 종합부동산세, 부가가치세, 개별소비세, 교통 · 에너지 · 환경세, 주세(酒稅), 인지세(印紙稅), 증권거래세, 교육세, 농어촌특별세
- **지방세** : 취득세, 등록면허세, 레저세, 담배소비세, 지방소비세, 주민세, 지방소득세, 재산세, 자동차세, 지방교육세, 지역자원시설세

- **소득세 · 법인세** : 과세기간이 끝나는 때. 다만, 청산소득에 대한 법인세는 그 법인이 해산을 하는 때

- **상속세** : 상속이 개시되는 때

- **증여세** : 증여에 의하여 재산을 취득하는 때

- **종합부동산세** : 과세기준일

- **부가가치세** : 과세기간이 끝나는 때. 다만, 수입재화의 경우에는 세관장에게 수입신고를 하는 때

- **개별소비세 · 주세 또는 교통 · 에너지 · 환경세** : 과세물품을 제조장으로부터 반출하거나 판매장에서 판매하는 때 또는 과세장소에 입장하거나 과세유흥장소에서 유흥음식행위를 한 때 또는 과세영업장소에서 영업행위를 한 때. 다만, 수입물품의 경우에는 세관장에게 수입신고를 하는 때

- **인지세** : 과세문서를 작성한 때

- **증권거래세** : 해당 매매거래가 확정되는 때

- **교육세** : 다음 각 목의 구분에 따른 시기

  가. 국세에 부과되는 교육세 : 해당 국세의 납세의무가 성립하는 때

  나. 금융 · 보험업자의 수익금액에 부과되는 교육세: 과세기간이 끝나는 때

- **농어촌특별세** : 농어촌특별세법 제2조제2항에 따른 본세의 납세의무가 성립하는 때

3 지방세를 납부해야 하는 때

- **취득세** : 취득세 과세물건을 취득하는 때
- **등록면허세**
  - **가.** 등록에 대한 등록면허세: 재산권 등 그 밖의 권리를 등기 또는 등록하는 때
  - **나.** 면허에 대한 등록면허세: 각종의 면허를 받는 때와 납기가 있는 달의 1일
- **레저세** : 승자투표권, 승마투표권 등을 발매하는 때
- **담배소비세** : 담배를 제조장 또는 보세구역으로부터 반출하거나 국내로 반입하는 때
- **지방소비세** : 「국세기본법」에 따른 부가가치세의 납세의무가 성립하는 때
- **주민세**
  - **가.** 균등분 및 재산분: 과세기준일
  - **나.** 종업원분: 종업원에게 급여를 지급하는 때
- **지방소득세** : 그 과세표준이 되는 소득에 대하여 소득세·법인세의 납세의무가 성립하는 때

- **재산세** : 과세기준일
- **자동차세**
  가. 자동차 소유에 대한 자동차세: 납기가 있는 달의 1일
  나. 자동차 주행에 대한 자동차세: 그 과세표준이 되는 교통 · 에너지 · 환경세의 납세의무가 성립하는 때
- **지역자원시설세**
  가. 발전용수 : 발전용수를 수력발전(양수발전은 제외한다)에 사용하는 때
  나. 지하수 : 지하수를 채수(採水)하는 때
  다. 지하자원 : 지하자원을 채광(採鑛)하는 때
  라. 컨테이너 : 컨테이너를 취급하는 부두를 이용하기 위하여 컨테이너를 입항 · 출항하는 때
  마. 원자력발전 : 원자력발전소에서 발전하는 때
  바. 화력발전 : 화력발전소에서 발전하는 때
  사. 특정부동산 : 과세기준일
- **지방교육세** : 그 과세표준이 되는 세목의 납세의무가 성립하는 때

국세는 전 국민이 공평하게 부담할 필요가 있는 소득과 소비과세가 주로 포함되어 있으며, 지방세는 토지, 건물 등 지역적 기초를 둔 재산과세가 세금의 주류를 이루고 있다.

4　직접세와 간접세

세금은 과세 주체에 따라 분류하기도 하지만 그 성질에 따라 분류하기도 한다. 성질별로 분류할 때에는 직접세와 간접세, 보통세와 목적세로 나눠진다.

직접세란 납세 의무자와 실질적으로 그 세금을 내는 사람이 일치하는 것이다. 그러한 예로는 소득세, 법인세, 주민세, 취득세 등이 있다.

간접세란 납세 의무자와 실질적으로 그 세금을 부담하는 사람이 일치하지 않는 세금이다. 여기에는 부가가치세, 특별소비세, 담배 소비세가 포함된다.

5　보통세와 목적세

보통세는 세금을 부과하는 과세 주체가 일반적인 경비를 조달하기 위하여 거두는 세금을 말하는데 특별한 목적이 부여된 목적세 이외의 모든 세금이 보통세에 해당한다. 그러나 목적세는 특정한 용도에만 사용하도록 그 사용처가 미리 정해져 있는 세금이며 지방교육세와 지역자원시설세 등이 목적세이다.

국세 중에서는 교통·에너지·환경세, 교육세, 농어촌특별세 등이 목적세에 해당한다.

6 주요 세금의 종류

① 부가가치세

부가가치세는 상품이 거래되는 과정이나 서비스가 제공되는 과정에서 발생되는 부가가치에 대하여 부과하는 세금이다.

부가가치세는 6개월을 과세기간으로 하여 신고, 납부하는데 법인사업자는 3개월 단위로 예정신고와 확정신고를 하고 개인사업자는 6개월마다 한 번씩 확정신고를 한다.

부가가치란?

부가가치란 생산된 총 금액에서 생산에 투입된 생산재 값을 뺀 금액을 말한다. 즉 밀가루를 빵으로 만들어 팔아서 1,000원을 받았다면 빵을 만들 때 들어간 밀가루를 비롯한 재료비와 빵을 구울 때 사용된 연료비 등의 합계 700원을 뺀 300원이 빵으로 만들었을 때 더 늘어난 값어치가 되는데 이를 부가가치라 한다. 즉 총 생산액에서 총 생산재 값을 뺀 금액을 부가가치, 말하자면 노동에 의해 새로 생긴 가치가 되는 데 이것이 부가가치이다.

과세기간	과세대상기간		신고납부기간	신고대상자
제1기 1.1~6.30	예정신고	1.1~3.31	4.1~4.25	법인사업자
	확정신고	1.1~6.30	7.1~7.25	법인 · 개인사업자
제2기 7.1~12.31	예정신고	7.1~9.30	10.1~10.25	법인사업자
	확정신고	7.1~12.31	다음해 1.1~1.25	법인 · 개인사업자

② 소득세

종합소득 즉, 이자 · 배당 · 부동산임대 · 사업 · 근로 · 연금 · 기타소득이 있는 모든 사람은 다음해 5.1부터 5.31까지 종합소득세를 신고 · 납부하여야 한다.

소득세는 사업자가 스스로 본인의 소득을 계산하여 신고하고 납부하는 세금이므로, 모든 사업자는 장부를 비치하고 기장하여야 한다.

■ 종합소득이 있더라도 다음의 경우에 해당되면 소득세를
신고하지 않아도 된다.
- 근로소득만이 있는 자로서 연말정산을 한 경우.
- 연간 7,500만원 미만의 모집수당만이 있는 자로서 소
속회사에서 연말정산을 한 경우.
- 비과세 또는 분리과세 되는 소득만이 있는 경우.
- 연 300만 원 이하의 기타 소득이 있는 자로서 분리 과
세를 원하는 경우 등.

③ 근로 소득세

근로 소득세는 일을 하고 그 대가로 얻는 소득에 대해 부과
되는 조세를 말한다. 이러한 세금은 봉급이 지불될 때 미리
제하여 진다. 즉, 매달 월급을 줄 때 그 소속기관이나 사업자
가 세금을 미리 떼는데 이를 원천징수라 한다. 이렇게 원천
징수된 세금은 다음해 2월분 월급을 줄 때 전해에 원천징수
한 세금이 많이 납부되었는지 적게 납부되었지를 계산한다.
이를 연말정산이라 하는데 이때 원천징수 당한 세금이 실제
보다 많이 납부되었다면 되돌려 받고 부족하다면 추가로 더
납부하여야 한다.

근로소득세 징수 세율

과세표준 (연간 소득)	세 율	누진공제액
1,200만원 이하	6%	-
1,200만원~ 4,600만원	15%	108만원
4,600만원~ 8,800만원	24%	522만원
8,800만원~ 1억 5천만원	35%	1,490만원
1억 5천만원 초과	38%	1,940만원

4 주택 관련 세금

■ 등록세와 취득세

주택을 사서 자기 이름으로 등기할 때 등록세를 내야하고 등기하고 난 뒤에는 또 취득세를 시·군·구청에 내야 한다. 이후에는 매년 재산세를 내야 한다.

그런데 주택을 취득할 때 사는 것이 아니고 상속이나 증여로 취득했다면 별도로 상속세나 증여세를 내야 한다.

이때 상속세나 증여세를 내지 않기 위하여 매매로 가장하는 경우가 있는데 주택 구입자의 직업, 연령, 소득 및 재산 상태 등으로 보아 부동산을 자신의 능력으로 취득하였다고 인정되면 부동산을 취득하는데 사용된 자금의 출처를 조사받게 되고 그 취득 자금의 출처가 명확하지 못하면 사실 판단에 따라 상속세나 증여세가 과세되는 것이다.

▪ 재산세

주택을 보유하고 있을 때에도 여러 가지 다양한 세금을
납부해야 한다.

재산세는 매년 6월 1일 주택과 그 주택이 세워져 있는
토지를 소유한자에 대하여 매년 7월과 9월에 재산세가
반반 나누어져서 두 번 부과된다. 이를 기준으로 매년 12
월에는 종합 부동산세가 과세되는데 여기에는 농어촌특
별세가 포함된다.

주택을 보유하고 있는 것에 관련하여 부가 되는 세금은
관련 부과세라고 하여 지방교육세와 공동시설세, 도시계
획세가 과세된다.

▪ 주택의 양도소득세

집을 팔았을 때 살 때 보다 비싼 가격으로 팔았다면 그
차액을 양도소득이라고 하는데 여기에 붙는 세금이 양도
소득세이다.

양도소득세는 주택의 수, 보유 기간, 미등기 전매 여부
등에 따라 9~70%의 세율로 과세되며, 양도소득세 신
고 · 납부 시에는 양도소득세액의 10%에 상당하는 주민
세도 함께 신고 · 납부하여야 한다.

다만, 1세대 1주택 등 비과세되는 부동산을 양도한 경우에는 신고를 하지 않아도 된다.

- **상속세**

상속세란 부모나 배우자의 사망에 의하여 재산이 저절로 이전되는 것을 상속 받는 입장에서 소득이 발생한 것으로 간주하여 부과하는 세금을 말한다.

부동산 상속 뿐 만아니라 금융재산의 상속에도 세금이 붙는다.

그러나 부동산의 경우에는 2억 원, 금융재산인 경우에는 2,000만 원을 기본으로 공제해주고 기타 공제 사유가 있

으면 그에 상당한 공제금액을 뺀 나머지 금액에 세금을
부과한다.

그래서 실제 2억 원이하의 부동산을 상속으로 물려받았
다면 납부해야 할 상속세가 없다.

그리고 만일 내야 할 상속세가 1,000만 원을 넘는다면
허가를 받아 나누어서 납부해도 된다.

■ **증여세**

무상으로 재산(경제적 가치가 있는 모든 것)을 받았을 때 여기
에 부과하는 세금을 증여세라고 부부 사이, 혹은 부모와
자녀 사이에서 이루어지는 증여는 일정한 금액까지는 공
제되어 세금을 내지 않는다.

부부 사이에는 6억 원, 부모와 자녀 사이에는 5,000만 원
(미성년자의 경우는 2,000만 원)을 공제한 나머지에 대하여 세
금을 부과한다.

위에서 언급된 것 보다 더욱 많은 세금들이 존재한다. 많은
사람들은 재산을 늘리는 데에만 관심이 있고 어떤 세금을 자신이
납부해야 하는 의무를 지니고 있는 지에는 관심을 갖지 않는다.

이때 발생되는 문제는 납부의 의무를 다하지 않았을 때는
국가로부터 그만큼의 불이익을 겪게 된다는 것이다. 따라서 국민
이라면 세금에 대해 잘 이해하고 있어야 불이익을 받지 않을 수

있다. 그러나 그보다 더 우선적인 것은 세금을 납부하는 것이 국민의 의무 중 하나라는 것을 알고 실천하는 민주시민의 첫 번째 요건이라는 것을 아는 것이다.

세금의 쓰임새

국가와 지방자치단체가 거두는 다양한 세금은 국민을 위해 어떻게 사용되고 있는 것일까? 세금을 내는 의무만큼이나 이것이 어떻게 사용되고 있는지를 알 권리가 국민에게 있다.

가정에서 쓰는 가계부에서 수입과 지출이 있는 것처럼, 국가에도 수입과 지출이 있는데 정부의 수입 중 가장 큰 비중을 차지하는 것이 세금이다. 수입이 없으면 지출할 수 없기 때문에 국가 활동에 있어서 세금은 절대적으로 중요한 위치에 있다고 하겠다.

매년마다 정부는 나라 살림을 잘하기 위해 1년 동안 세금을 어떻게 사용할 것인지에 대한 계획을 수립하게 된다. 정부는 국민이 납세한 세금을 함부로 쓰지 않고 꼭 필요한 곳에 사용하기 위해 고민하고 그 결과를 종합하여 한 해 동안의 지출 계획을 세우는데 이를 예산안이라 한다. 이러한 예산안은 바로 나라의 운영에 바로 적용되는 것이 아니라 국회에 허락을 받는 과정을 거친다. 이는 정부가 작성한 예산 지출 방식이 과연 국가와 국민에게 이익이 되는지를 다시 한 번 점검하기 위한 것이다.

국회는 국민이 선출한 국회의원들로 이뤄어진 기관이기 때문에 국회의 허락은 곧 국민의 허락을 의미한다. 국회는 예산안을 꼼꼼히 검토하며 과도하게 책정된 부분은 없는지 국민들을 위해 꼭 사용되어야 할 곳이 누락되진 않았는지를 확인하는 일을 한다. 이 과정을 통해 국회가 세출 예산을 확정하면 정부는 그 내용에

따라 나라 살림을 시작한다.

국회는 그 후에도 계획대로 예산이 사용되고 있는지를 감독하고 감사하는 업무를 맡는데 이를 국정감사 또는 국정조사라 한다. 국회는 국민을 대변하는 기관으로서 이러한 권한을 갖는 것이다.

2019년을 기준으로 볼 때, 정부의 재정규모(총지출 기준)는 369조 600억원이었으며 그의 대부분을 세금이 충당하였지만 거기서 채워지지 않는 돈은 국채를 발행하고 공기업의 주식을 매각하여 재정을 마련했다.

국채를 발행하며 만들어진 돈은 쉽게 말해 빚이며 우리나라의 다음 세대들이 세금으로 갚아야 할 돈이다.

2020년 분야 별 예산액

부문별	예산액
연구 · 개발(R&D)	6조 9천억원
교육	72조 3천억원
문화/체육/관광	3조 7천억원
보건/복지	72조 5천억원
환경	4조 9천억원
공공질서/안전	19조 7천억원
산업/중소기업/에너지	11조 3천억원
농림/수산/식품	10조 4천억원
사회간접자본(SOC)	23조 5천억원
국방	50조 4천억원
통일/외교	3조 1천억원
일반/지방행정	73조 9천억원

자료:기획재정부

　　세금의 주요 사용처는 크게 세 가지로 나눠진다. 국방과 치안 분야, 사회간접자본 건설 분야 마지막은 복지 분야이다.

　　국민의 생명과 재산을 지키는 것은 국가의 운영에 가장 우선되는 것이기 때문에 그 분야에 투자되는 비용은 클 수 밖에 없다.

　　그래서 국방과 치안은 국가가 가지는 고유한 그리고 최우선 임무라는 이유로 세금 책정에 관한 논란에서 늘 열외로 취급되었다.

　　사회간접자본 건설에는 철도와 도로, 통신, 항만 등이 포함되는데 이는 개인적으로 건설하기에는 어려움이 크기 때문에 국가가 나서서 하는 업무이며 그를 위한 세금의 책정이 높다.

그러나 사회 간접자본 건설 분야 역시 우리나라가 어느 궤도에 이르자 민간 기업에서 뛰어 들어 사업이 진행되는 등의 변화를 보이고 있다. 공기업의 민영화가 지속적으로 이루어지고 있는 것도 바로 이러한 이유 때문이다.

최근에 논란이 되고 있는 분야가 바로 사회 복지 분야이다. 이는 경제활동이 어려운 사람들에게 최소한의 인간다운 삶을 보장해 주기 위한 정책이다.

2020년에는 세출 예산이 356조 6,000억 원으로 책정되었으며 이 중 복지 예산은 17% 수준의 62조원 가량이다. 복지 예산에서 늘 논란이 되는 것은 세금 부과가 개인의 수입에 따라 다르게 책정되는 데에 있다. 이른바 부자 과세에 관한 것인데 자유주의 국가 내에서 자신이 능력껏 번 돈에 과도한 세금이 매겨진다고 생각하는 이들의 불만이 커기 때문이다.

치안유지나 사회간접자본 건설은 세금을 낸 모든 이들이 누릴 수 있는 분야이지만 사회 복지 예산은 그렇지 않다는 것에서 문제가 발생된다.

그리고 과연 이 분야에 세금 사용이 앞으로 줄어들 수 있을까에 대한 의문도 계속해서 이어지는 것이다. 빈부의 격차는 점점더 커질 것이며 그를 위해 부자들이 감당해야 할 세금도 늘어날 것이라는 예상 때문이다.

그래서 이러한 문제는 부자 증세보다는 경제 성장을 통한

해결이 필요하다고 보는 이들도 있다. 즉 나라 경제의 전반적인 성장을 이룩하여 국민 소득을 증대시키고 취업이나 경제적 효과 분배에 참여하는 기회를 늘려 사회 구성원들이 더 많은 세금을 고르게 부담해야 한다는 것이다. 차별적 처우가 주는 사회 구성원들의 갈등을 막을 수 있는 최선의 방법이라고 주장하는 것이다.

3

행복한 국민생활과 세금

국가 예산과 세금

사람들은 옛날부터 왜 나라에 세금을 내어야 하는가에 대하여 많이 생각해왔다. 이는 나라가 왜, 어떻게 만들어져 왔는가 하는 국가의 기원설과도 상관있었다.

그러나 아직 우리는 왜 그렇게 하고 있는 지에 대하여 모든 사람들이 공감할 만한 해답을 찾지 못했다. 현대에 와서 그나마 가장 보편적으로 받아드리려 하는 이야기가 우리들, 말하자면 국민들 스스로가 무언의 계약으로 그렇게 하기로 했다는 설이다. 경험적으로, 역사적으로 우리가 나라 없이 살 때보다 나라를 가지고 사는 것이 훨씬 생활하기에 좋다는 것을 알았다는 것이다. 사실 일제 강점기에 우리 민족이 얼마나 많은 고생을 하였는가를 되새겨보면 쉽게 알 수 있을 것 같기도 한다. 나라를 이민족에게 강탈당하고 국가 없이 산 36년간의 생활은 그야말로 노예와 같은 삶이었다 하여도 과언이 아닐 것이다.

오늘날 세계의 여론의 관심을 모으고 있는 위안부 사안만 하더라도 국가가 있었으면 그런 일이 일어나지 않았을 것이다. 나라를 갖고 있기 때문에 나라의 고마움을 우리는 잊고 있지 않을까 하는 염려도 든다.

나라는 그 소속 국민에게 삶의 공간을 제공해주고 삶의 안녕을 보장해주는 보호장치라 할 수 있다. 경제를 부흥시켜 일자리를 만들어 모든 사람들이 생계의 걱정 없이 살아갈 수 있도록 하고, 사회의 질서와 정의를 바로 세워, 누구든지 인간다운 삶을 누

릴 수 있도록 해 준다. 우리 국민이 외국에 나아가 부당한 대우를
받았을 때 이를 구제해주기도 하고, 애써 일하여 모은 재산을 보호
해준다. 힘 없는 자도 사람답게 살 수 있고, 힘 있는 자도 사람답게
살 수 있도록 해주는 조정장치가 바로 국가인 셈이다.

　이처럼 국가는 끊임없이 자기 나라의 국민들이 편안하고 행
복하게 살도록 하기 위하여 일을 한다.

　그런데 국가라는 것은 아파트 건물처럼 눈에 보이는 것이
아니다. 그러다보니 국가가 살아있는 동물처럼 움직여 무슨 일을
할 수는 없는 것이다. 국가는 하나의 조직체이기 때문에 무형의 실
체라고 하겠다. 그러면 어떻게 국가가 일을 하는가?

　바로 국가를 구성하고 있는 국민들이 스스로 협의하고 스스

로 토론하여 국가라는 조직체가 뜻하는 바를 실천할 사람들을 뽑아서 일을 하게 한다. 이때 선거를 통해서 뽑기도 하고 일할 자격이 있는지 없는지를 알아보기 위하여 시험을 쳐서 뽑기도 하지만 국민이면 누구나 해야 한다고 스스로 정하여 일을 하기도 한다. 서로 힘을 모아 나라를 세우고 나라가 잘 일할 수 있도록 국민 모두 노력하는 것이다.

이 힘을 모으는 데는 두 가지 방식이 있는데 하나는 물질이고 하나는 힘이다. 옛날에는 이 둘을 모두 합쳐 세금이라고 하였는데 오늘날에는 물질 부분만을 세금이라 하고 힘을 제공하는 부분은 국민의 의무라고 하고 별도로 이야기한다. 왜냐하면 옛날처럼 왕의 밑에서 오로지 힘, 즉 용역만을 제공하던 시대가 아니고 국민이 주권자로서 나라의 주인인 오늘날 현대에 있어서는 용역 제공이 국민의 인간다운 삶을 추구하는 권리와 연결되면서 옛날의 세금으로서 용역과 그 의미가 많이 달라졌기 때문이다.

따라서, 오늘날 세금은 나라가 나라답게 일하도록 하는 데 필요한 재정을 충당하는 재원으로서 역할을 하며 그 효과가 국민 스스로에게 돌아오도록 한다는 원칙하에 국민 스스로가 정한 국민의 의무이라 하겠다.

복지국가 실현

자연인으로서 사람은 그 능력이 천차만별이다. 운동을 잘하는 사람이 있는가 하면 말을 잘하는 사람이 있고, 계산을 잘하는 사람이 있는가 하면 그림이나 음악을 잘 하는 사람이 있다. 사람의 능력은 그 생김새만큼이나 서로 다르기 때문에 '사람은'이라고 한마디로 묶어 부를 수 없는 그런 존재이다. 하지만 우리는 생활 속에서 대화의 편리함을 위하여 '사람은'이라고 자주 말한다. 실상은 같은 사람이 하나도 없지만 말이다.

그래서 사람은 자연 상태에 놓여 동물과 같은 환경에서 산다면 제대로 살지 못하고 도태될 사람들이 부지기수로 많을 것이다. 힘세고 똑똑하고 권력이나 돈이 많은 사람들에게 희생 당할 것이다. 말하자면 약한 자는 강한 자의 먹잇감이라는 정글의 법칙이 작용하여 강한 자만 살아남게 되고 결국 남은 강한 자들 사이의 싸움으로 결국 인류가 멸망하게 될 것이다.

여기에서 우리 인간들은 멸망하지 않고 살아남기 위하여 공동의 힘으로 나라를 만들었고 나라는 바로 자연 상태의 약육강식을 서로의 권리와 자유를 존중하는 사회 상태로 변화 시켰다. 그것이 약자나 강자 모두에게 이득이 된다는 것을 잘 알기 때문이다. 강자의 힘을 약자에게 나누어 줌으로써 약자도 살고 약자가 살아감으로써 강자는 안정된 번영을 누릴 수 있게 되는 것이다. 바로 인간다운 삶이라는 형태 속에서 강자도 약자도 모두 지속적인 안

녕을 누릴 수 있는 것이다. 우리는 그것을 알기 때문에 현명하게 나라를 만들어 같이 살아가는 것이라 하겠다.

나라의 존재 목적은 바로 이 인간다운 삶을 국민들에게 보장하는 것이라 하겠다. 이것은 아주 오랜 옛날부터 가져왔던 이상이며 목표였다. 서양의 유토피아나 동양의 무릉도원이 그것이라고 하겠다. 이것을 현대에서는 복지국가라 부르고 많은 나라가 복지국가 실현을 위하여 노력하고 있다.

그런데 복지국가는 생각만으로 이루어지는 것이 아니고 반드시 재정이 필요하다. 재정력 없이 복지국가를 실현한다는 것은 그야말로 이상이고 꿈일 뿐이다.

그래서 복지국가를 실현하기 위해서는 경제가 어느 정도 발전해야 하는 것이지 저개발국가에서 복지국가의 실현한다는 것은 아주 힘들다 하겠다. 바로 재정이 필요하기 때문이다.

이 재정을 확보하는 방법으로 부유층의 재력을 빌려오는 방법이 있고 나라 전체의 경제를 발전 시켜 이를 확보하는 방법이 있다. 부유층의 재력을 빌려오는 것은 결국 부유층의 의기소침을 비롯하여 장기적으로 볼 때는 국가의 총체적인 경제발전 둔화의 요인이 될 여러 가지 사회적 원인이 될 여지가 있을 수 있다.

그러나 오늘날까지 아직 어느 방법이 확실히 좋다는 것이 없어 나라마다 고민을 많이 하고 있는 부분이다.

이처럼 국가 형성의 궁극적 목적인 복지국가의 실현에 세금이 절대적으로 중요한 역할을 하고 있음을 알 수 있다.

행복한 삶과 정의 실천

사람은 누구나 자신의 내일에 대해 호기심이 많다. 과연 내일에 나는 어떻게 될 것인가가 너무 궁금한 것이다. 그래서 고대부터 점성술이나 점술이 발달해왔다. 이는 결국 사람들이 자신의 미래에 대한 준비와 기대를 갖고 살아가고자 하는 본능적 행위라 하겠다.

내일의 행복을 위하여 오늘의 힘든 일을 참을 수 있지만 불투명한 내일을 위하여 사람들은 인내하려 하지 않는 성향이 있다.

　　행복한 삶은 불안정 속에서 이루어질 수가 없다는 것이다. 오늘처럼 내일도 같은 기대로 살갈 수 있어야 진정 행복한 삶을 향하여 나아갈 수 있는 것이다. 그래서 행복한 삶, 인간다운 삶은 사회 질서의 안녕과 직결되는 것이다. 사회 질서가 흔들이는 곳에서 사람들은 희망을 포기하게 되고 인간다운 행복한 삶은 마냥 꿈으로서만 그리게 될 뿐이다.

　　그래서 어떠한 국가이든지 사회 질서 유지는 최상의 가치를 지니지만 가장 먼저 실천해야 할 임무로 생각하며 실천하고 있다. 이 사회적 질서의 유지야말로 정의를 실현하는 바탕이 되는 것이다. 질서가 유지 되지 않는 사회에 정의가 실현되는 것은 없다.

만일 홍길동과 같은 행위를 불안 사회 속에서의 정의 실천 행위라 생각하면 잘못 된 생각이다. 그것은 개인의 단순한 의협심일 뿐 사회의 정의와는 다른 것이다. 정의는 개인의 생각이나 이상을 넘어선다. 바로 사회의 일반 가치로서 질서를 바탕으로 하기 때문이다.

질서가 유지 될 때 사회의 정의가 실현 될 수 있고 정의가 구현되고 있는 사회라야지 비로소 진정한 의미의 인간다운 행복한 삶이 가능하기 때문이다.

우리가 내는 세금은 바로 이러한 분야에서 이러한 목적을 위하여 사용되며 그것이 이 사회를 살고 있는 우리들 자신을 위한

일이라는데 우리 스스로 결정하여 행하는 자기결정성을 띄게 되는 것이다.

즉 세금은 우리 스스로의 행복한 삶을 위한 투자가 되는 셈이다.

PART 2

직업으로서의
세무사

세무사 자격은 국세청에서 주관하는 전문자격증으로 이를 취득하여 세무와 관련한 일을 하는 사람을 세무사라고 한다. 납세의 의무를 가진 사람의 의뢰를 받아서 세금 업무에 관현 일을 대신 처리하거나 상담하는 일을 한다. 의뢰인을 대신해 세무적인 일들을 해결한다는 점에서 변호사와 비슷한 부분도 존재하지만 세무사는 재산권에 관련된 절차와 납세에 관해 일하며 법정에서 일하지 않는다는 점이 다르다. 개인사무소나 다른 세무사들과 함께 법인을 만들어 일을 한다.

1

세무사 업무의 특성과 필요한 적성

　　세무사 자격은 국세청에서 주관하는 전문자격증으로 이를 취득하여 세무와 관련한 일을 하는 사람을 세무사라고 한다. 이들은 납세의 의무를 가진 사람의 의뢰를 받아서 세금 업무에 관한 일을 대신 처리하거나 상담하는 일을 한다. 의뢰인을 대신해 세무적인 일들을 해결한다는 점에서 변호사와 비슷한 부분도 존재하지만 세무사는 재산권에 관련된 절차와 납세에 관해 일하며 법정에서 일하지 않는다는 점이 다르다. 즉 소송을 제기하고 재판과정에서 변론을 하는 일은 아무리 세금과 관련된 부분이라도 변호사가 해야 한다. 세무사는 개인과 기업과 같은 의뢰자들을 위해 납세 신고서를 작성하고 부당하게 과세된 부분이 있으면 정부에 이의를 신청하는 일을 하며 세금의 환급에 대한 문제를 의뢰자들에게 조언하는 일을 한다. 이런 일을 세무사들은 개인사무소나 다른 세무사들과 함께 법인을 만들어 일을 한다.

세무 업무의 특성

1 세무사의 등장

우리나라에 세무사 제도가 도입된 것은 1961년부터이다. 경제 발전과 더불어 직업과 업무들이 점차 다양화되면서 세금에 관한 전문적인 경험과 지식을 가진 사람들의 도움이 필요하게 되었다. 바로 세무사라는 직업의 필요성이 대두된 것이다. 그러나 도입 당시 세무사에 대한 인식이 부족하여 세무사가 무엇을 어떻게 해야 하는지 잘 모르는 상황이라서 70년대 중반에 이를 때까지 세무사에 대한 수요가 늘어나지 않았다. 그로 인해 세무사 시험에 응시하는 사람들도 많지 않았고 당연히 세무사의 숫자도 제자리에 머물렀다.

본격적인 경제 성장이 이루어진 70년대 말에 이르자 세무체제가 현대화되고 더욱 세분화 되기 시작하였으며 그로 인해 세무사의 활동 범위와 업무들도 독자성을 갖고 더욱 확장 되었다. 그 당시 정부는 세금 신고를 개인이나 기업의 자율에 맡기고 제반 증

빙서류를 스스로 갖추게끔 하는 자율 신고 납세제도를 도입하였다. 그로 인해 복잡한 세금 관련 법률을 이해하고 그에 따라 성실하게 납세 신고를 하는 일 자체가 어려워지게 되었다. 그리고 만의 하나 자칫 잘못 신고 되었을 때 일어날 수 있는 불이익은 심각한 것이라서 개인이나 기업을 불문하고 세금에 관련해서는 보다 전문적인 전문가의 도움이 절실히 필요하게 되었다.

이에 세금 관련 정보를 정확하게 이해하고 그에 관련해 조언해주는 전문적인 세무 대리인의 수요가 급증하게 되었다. 그 결과 세무사에게 장부를 맡기고 세금을 일괄적으로 일을 처리해 줄 것을 의뢰하는 사업가들은 80년대에 들어와서는 이전보다 거의 두 배를 넘어섰다. 특히 거액의 자금으로 사업을 펼치는 사업가들에게 있어서 세금으로 내야 하는 금액은 큰 기업에 있어서 큰 비중을 차지하기에 신중하지 않을 수 없다.

국가에서 부과하는 세금의 항목과 금액의 타당성을 분석하여 과징된 부분을 밝혀내는 일을 하는 세무사를 사업자들이 꼭 필요로 하는 것도 이러한 이유이다.

1997년에는 행정심판법과 세무사법이 개정되어 세무사들이 할 수 있는 업무의 범위가 더욱 넓어지게 되었다. 세무 조사 시에 세무자가 납세자를 대신에 의견을 펼칠 수 있도록 하는 납세자 권리 헌장의 제정은 세무사들이 좀 더 적극적으로 납세자를 도울 수 있는 방편을 열어준 계기가 되었다.

최근에는 사업자뿐만 아니라 개인들도 자신들의 재테크와 관련해 세무사를 찾아오는 실정이다. 기존에는 세무사의 역할이 세금을 부과하는 관청과 납세자 사이의 갈등을 조정하고 문제를 해결하는 데 있었다면 이제는 납세자의 권익을 위한 것으로 변모해 나가고 있는 것이다.

개정된 세무사법에는 세무사의 사명으로 '공공성을 지닌 세무전문가로서 납세자의 권익을 옹호 하고 납세의무의 성실한 이행에 이바지한다' 라는 문구가 더해지기도 하였다.

'세무전문가 '라는 용어는 세무사의 전문성이 더욱 드러나게 하는 단어라는 평가가 있기도 하였다.

세무사와 업무가 중첩되는 직업으로 그 차이를 궁금해 하는 것이 바로 공인회계사이다. 공인회계사는 회계와 재무 등의 업무를 담당하며 세무사와 마찬가지로 국가 자격시험을 통해 자격을 취득하게 되는데 주요 업무는 회계감사, 회계, 기업가치 평가 등이다.

공인회계사와 유사한 일을 하던 직업인을 이전에는 계리사라고 불렀지만 1966년 공인회계사법이 만들어지고 계리사법이 폐지되면서 공인회계사가 계리사의 업무를 대행하게 되었다. 공인회계사가 아닌 자도 타인의 위촉을 받아 회계에 관한 감사 등을 할 수 있지만 공인회계사라는 명칭을 사용할 수는 없다.

공인회계사는 회계에 관한 업무를 계획 및 관리하고, 의뢰인

의 위임에 따라 재무회계서류를 작성하는 일을 맡게 된다. 기업의 소득세보고서를 작성하는 것도 공인회계사가 하는 일이다. 재무회계를 감사하거나 증명하며 재무서류의 조정, 재무조사 및 기타 회계사무에 관한 상담을 업무로 한다.

회계법인, 합동회계사무소, 감사반이나 일반기업체에서 일하며 개인적으로 개업할 수도 있다.

① 공인 회계사가 하는 일

- 회계시스템을 계획, 설정하고 관리
- 개인, 부서, 회사나 기타 사업체의 재무 정보를 작성
- 회계기록을 조사하고 재무제표 및 보고서 작성
- 비용조사 결과에 관련된 보고서 작성 및 내부규제절차 규정
- 재무거래계산서 및 기록들을 조사
- 회계보고서 작성 및 소득세 신고서를 작성
- 재무제표 및 보고서를 분석
- 재무, 사업 및 세금에 관련 자문, 상담
- 일지, 원장기입, 은행계산서, 납세신고서 등의 회계 및 재무기록을 사업체의 회계기준, 절차 및 내부규정과 일치하는 지 확인
- 재무기록의 정확성 여부 확인을 위한 조사, 분석
- 감사 결과에 대한 상세한 보고서를 작성

- 개인이나 사업체의 회계 및 경영실무개선을 위한 권고안 작성
- 소득세법 규정이나 기타 요건 확인을 위한 사업 현장 감사를 수행

② 공인 회계사 관련 적성 및 향후 전망

공인 회계사는 숫자를 다루는 일을 많이 하기 때문에 계산에 능통해야 할 뿐만 아니라 대조하는 일을 할 때에 꼼꼼할 필요가 있으므로 섬세한 성격이 요구된다. 회계학, 경영학에 관련된 전문 지식이 요구될 뿐만 아니라 다양한 업종과 관련하여 일을 맡기 때문에 다방면으로 관심이 많은 것이 좋다.

공인회계사 시험의 응시자격에는 학력이나 경력의 제한이 없으나 공인회계사 시험은 경영, 경제, 회계, 통계 분야 전공자들이 유리하다.

향후 공인회계사의 고용은 늘어날 것으로 전망된다. 기업이 점차 대형화되고 경쟁 시장이 국내에서 국외로 넓어지고 있는 실정이기 때문에 회계 기준, 세금, 투자와 관련된 문제들이 복잡하고 다양해지는 실정이다. 따라서 각 기업마다 회계 업무만을 전문적으로 수행할 인력이 더욱 늘어날 것으로 보인다. 어떤 의미에서 보면 기업이 적극적인 생산활동을 통하여 수익을 창출한다면 공인회계사는 들어온 재화의 비효율

적인 지출과 부당한 지출을 방지함으로써 소극적 의미의 기업 이익 창출에 이바지하고 있다고 하겠다. 이런 현실적인 이유로 기업이 공인회계사를 필요로 한다고 하겠다.

국가 간의 자유무역협정이 체결되면서 국내에서 통용되는 회계 기준을 넘어서서 세계가 공통으로 사용하는 재무 시스템이 도입되었다. 국제 회계기준의 도입은 회계 컨설팅의 필요성을 더욱 부각시키게 되었다. 이는 한 편으로 많은 회계사가 필요할 것을 의미하지만 다른 한편으로는 외국계 회계법인의 국내 진출을 용인하게 되는 것이기 때문에 긍정적으로만 생각할 수는 없는 일이다.

이에 국내 회계법인과 해외 회계법인의 합작이 늘어날 것이라 보는 시각도 있으며 외국어 능력을 지닌 회계사의 경우에는 충분한 경쟁력을 지닐 것이라 생각된다.

3 세무사와 공인 회계사의 업무적 차별성

세무사의 주요 업무는 세무기장 대리 및 세무 분야의 전문 지식을 통한 컨설팅, 또 기타 조세불복에 관련된 서비스이다. 이러한 업무의 주요 고객은 대형 기업보다는 주로 영세 기업인 경우가 많으며 개인을 위한 서비스가 많은 비중을 차지한다.

그러나 회계사는 주로 기업을 상대하며 그 중에서도 주식을 발행하고 증권거래소에서 주식을 거래시키는 상장회사가 주요 고객이다.

회계사는 세무사가 하는 업무들을 모두 이해하고 있으며 그가 하는 일을 대신 할 수도 있다. 쉽게 말해 세무사의 업무들이 회계사가 하는 일들의 범주 속에 포함된다고 볼 수 있다. 그러나 특별한 차이점이 있다면 회계사는 기업이 작성한 기업장부의 적절성을 감사하는 업무가 주를 이루고 있는데 비하여 세무사는 세무 행정과 관련된 실무적인 업무를 주로 하며 회계사가 가지는 감사 관련 권한을 가지지 않는다.

회계사는 기업의 세무적인 문제까지 이해할 수 있어야 기업의 종합적인 회계 감사가 가능하기 때문에 회계사는 세무사가 갖는 세금 관련 전문 지식을 갖추게 되는 것이다.

그러한 이유 때문에 일반적으로 회계사에게는 세무사의 업무를 수행할 권한도 동시에 주어지는 것이다.

공인 회계사와 세무사의 업무 대조

구분	공인회계사	세무사
업무	**회계감사 업무** -주식회사의 외부감사에 관한 법률에 의한 자산총액 70억 이상인 주식회사의 법정 감사 -외환관리법, 지방공기업법에 의한 법정 감사 -법원, 검찰청, 주주 및 동업자 등의 요청에 의한 감사 금융기관의 요청에 의한 신용 평가용 감사 -APT 감사, 건설업 진단 등 **세무 업무** -법인세와 소득세의 세무조정 -각종 이의신청, 심사 심판청구 등 -세무 대리 세무에 대한 자문 -개인 기업의 법인 전환 장부기장 대리, 신고 대리 -법인 설립 및 정리 -국세조세 관련 업무 등 **경영 자문 업무** -회사 설립시 계획/조직 및 제규정의 검토 및 자문 -경영분석 및 기업진단 -신규투자컨소시엄의 사업계획서 작성 및 재무회계수립업무 -회사조직 및 업무절차의 입안 및 검토 -정보시스템 구축 등 전산 용역 -국제무역, 투자 및 해외진출에 수반되는 세무 등 제반 자문 업무	세무사는 납세자의 위임에 의하여 조세에 관한 다음의 행위 또는 업무를 수행하는 것을 그 직무로 한다. 1. 조세에 관한 신고, 신청, 청구 등의 대리 2. 세무조정계산서 기타 세무관련 서류의 작성 3. 조세에 관한 신고를 위한 기장의 대행 4. 조세에 관한 상담 또는 자문 5. 세무관서의 조사 또는 처분 등과 관련된 납세자의 의견진술의 대리 6. 부동산가격공시 및 감정평가에 관한 법률 제12조의 규정에 의한 개별공시지가에 대한 이의신청의 대리 7. 조세에 관한 신고 서류의 확인 8. 기타 제1호 내지 제7호의 업무에 부대되는 업무

④ 공인회계사 시험

■ 응시 자격

시험에 응시하고자 하는 사람의 국적, 학력, 연령 및 경력에는 제한이 없다.

그러나 이 말은 아무 지식이 없어도 된다는 말은 아니다. 즉 법규에 따라는 정식 대학을 졸업하지 않아도 된다는 말이지 회계사 일을 하는데 필요한 기본적 지식은 갖추어야 한다.

즉 2007년 1월 1일부터 "학점이수제도"가 시행되어 학교나 학점관리 은행 등에서 학점이수 해당 과목별로 회계학 및 세무 관련 과목 12학점 이상, 경영학 과목 9학점 이상, 경제학 과목 3학점 이상을 이수한 자 또는 이수한 것으로 학점 인정을 받은 자"만이 공인회계사 시험에 응시할 자격이 있다.

■ 응시 과목

1차 시험 : 경영학, 경제원론, 상법, 세법개론, 회계학, 영어(공인 영어시험 성적으로 대체)

2차 시험 : 세법, 재무관리, 회계감사, 원가 회계, 재무 회계

■ **시험 방법**

1차 시험 : 객관식 필기시험, 상대평가

2차 시험 : 주관식 필기시험, 절대평가

1차 시험의 합격자는 그 해와 다음 해의 2차 시험에 응시할 수 있는 자격이 주어진다.

다음과 같은 경력자는 1차 시험을 면제받을 수 있다.

- 5급 이상 공무원 또는 고위공무원단에 속하는 일반직 공무원으로서 3년 이상 기업회계·회계감사 또는 직접세 세무회계에 관한 사무를 담당한 경력이 있는 자

- 대학·전문대학(이에 준하는 학교를 포함한다)의 조교수 이상의 직에서 3년 이상 회계학을 교수한 경력이 있는 자

- 은행법 제2조의 규정에 의한 은행 또는 「공공기관의 운영에 관한 법률」에 따른 공기업, 「신용보증기금법」에 의한 신용보증기금과 「기술보증기금법」에 따른 기술보증기금에서 대리급이상의 직에서 5년 이상 재무제표의 작성을 주된 업무로 하는 회계에 관한 사무를 담당한 경력이 있는 자

- 유가증권시장 또는 코스닥시장에 상장된 주권을 발행한 법인의 과장급 또는 이에 준하는 직급이상의 직에서 5년 이상 재무제표의 작성을 주된 업무로 하는 회계에

관한 사무를 담당한 경력이 있는 자

- 대위 이상의 경리병과 장교로서 5년 이상 군의 경리 또는 회계감사에 관한 사무를 담당한 경력이 있는 자

- 금융감독원의 대리급이상의 직에서 5년 이상 「주식회사의 외부감사에 관한 법률」에 의한 외부감사 관련업무 또는 「자본시장과 금융 투자업에 관한 법률」에 의한 주권상장법인의 재무관리에 관한 업무를 담당한 경력이 있는 자

■ 합격 기준과 발표

제1차 시험은 영어 과목을 제외한 나머지 과목에 대하여 매 과목 배점의 4할 이상, 전 과목 배점합계의 6할 이상을 득점한 자 중에서 시험 성적과 응시자 수를 고려하여 전 과목 총 득점에 의한 고득점자순으로 합격자가 결정된다.

제2차 시험은 매 과목 배점의 6할 이상을 득점한 자를 합격자로 결정한다. 합격자에 한하여 그 명단을 금융감독원 공인회계사시험 홈페이지(http://cpa.fss.or.kr) 및 금융위원회 홈페이지(http://www.fsc.go.kr)에 게시한다.

※부분합격제 : 1차 시험에 합격하고 당해 연도 2차 시험에서 불합격하였지만 과목 만점의 60% 이상의 점수를 받은 2차 시험 과목은 다음 해에 한하여 면제하는 부분합격제를 시행한다.

공인회계사의 세무사 및 세무대리업무의 등록

■ **제4조(공인회계사의 세무사 및 세무대리업무 등록)**

① 「세무사법」에 따라 세무사등록부에 등록하려는 공인회계사는 등록신청서를 공인회계사회를 거쳐 사무소 소재지 관할 지방국세청장에게 제출하여야 한다.

② 등록신청을 받은 지방국세청장은 신청인이 「세무사법」 제6조제3항제1호 또는 제3호의 사유에 해당하는지 여부를 유관기관 등에 조회·확인한 후 국세청장에게 세무사등록증의 발급을 요청하여야 한다. 다만, 「세무사법」 제6조제3항제1호 또는 제3호 중 어느 하나 해당하는 신청인에게는 등록신청을 받은 날부터 30일 이내에 등록거부 사유를 알려야 한다.

③ 지방국세청장은 제2항의 요청에 따라 국세청장이 세무사등록증을 발급한 경우 세무사등록부에 등록한 후 공인회계사회를 통하여 신청인에게 세무사등록증을 교부하여야 한다.

④ 제1항부터 제3항까지의 규정은 「세무사법」 제20조의2 규정에 따라 세무대리업무등록부에 등록하려는 공인회계사에 관하여 준용한다. 이 경우 "세무사등록부"는 "세무대리업무등록부"로, "세무사등록증"은 "세무대리업무등록증"으로 한다.

■ **제5조 (공인회계사의 세무사 및 세무대리업무 등록 갱신)**

① 「세무사법 시행령」에 따라 세무사등록 또는 세무대리등록을 갱신하려는 공인회계사는 등록 유효기간 만료 전 30일까지 세무사등록·세무대리업무등록 갱신신청서에 세무사등록증 등을 첨부하여 공인회계사회를 거쳐 지방국세청장에게 제출하여야 한다.

② 등록신청을 받은 지방국세청장은 신청인이 「세무사법」 제6조제3항 제1호 또는 제3호의 사유에 해당하는지 여부를 유관기관 등에 조회·확인한 후 국세청장에게 세무사등록증의 갱신발급을 요청하여야 한다. 다만, 「세무사법」 제6조제3항제1호 또는 제3호 중 어느 하나에 해당하는 사유가 있는 신청인에게는 등록갱신 신청을 받은 날부터 30일 이내에 등록갱신거부 사유를 알려야 한다.

③ 지방국세청장은 제2항의 요청에 따라 국세청장이 세무사등록증 또는 세무대리업무등록증을 갱신 발급한 경우 공인회계사회를 통하여 세무사등록증 또는 세무대리업무등록증을 교부하여야 한다.

■ **제6조 (공인회계사의 세무사 및 세무대리업무 등록 취소)**

① 지방국세청장은 세무사등록 또는 세무대리업무등록을 한 공인회계사가 「세무사법」 제7조 각 호의 어느 하나에 해당하는 경우에는 그 등록을 취소하여야 한다.

② 지방국세청장이 세무사등록 또는 세무대리업무등록을 취소한 때에는 그 사실을 공인회계사에게 알려야 한다.

■ **제7조 (공인회계사의 세무사 및 세무대리업무 등록사항 변경 신고)**

세무사등록 또는 세무대리업무등록을 한 공인회계사가 개업·휴업·폐업하거나 사무소를 설치·이전 또는 폐지한 경우 그 사유가 발생한 날부터 14일 이내에 세무사·세무대리업무 등록사항변경신고서를 공인회계사회를 거쳐 지방국세청장에게 제출하여야 한다.

세무사에게 필요한 적성

그러면 세무사는 어떤 적성을 가진 사람에게 어울릴까?

■ **수리능력**

세무사는 정확성을 가지고 분석을 하게 되며 수와 관련된 일을 하기 때문에 뛰어난 수리 능력과 분석적 사고가 요구된다. 이러한 능력은 정확한 법 적용을 가능하게 하여 고객이 납세를 하는데 있어서 유리한 세법을 적용할 수 있어 많은 도움이 된다.

■ **책임 의식**

세무사는 국민의 재산과 관련된 세무에 대한 일을 하기 때문에 바른 사회적 윤리 의식과 책임감을 가지고 있어야 한다.

▪ 원만한 인간관계

사람들을 대면하고 하는 일이 많기 때문에 신뢰감을 줄 수 있는 태도를 갖추어야 하며 정확한 의사를 전달할 수 있는 커뮤니케이션 능력도 요구된다. 또한 세무사라는 직업은 한 번 맡은 거래처나 기업, 사람과 지속적으로 함께 일해야 하는 영업적 특성을 지니기 때문에 원만한 인간관계는 세무사 일을 하는데 많은 도움이 될 수 있다.

▪ 신중함과 정직함

세무사가 하는 모든 일을 바로 재산의 지출과 이어지기 때문에 꼼꼼하게 살펴보고 신중하게 일을 처리하며 정직한 인간성을 가진 사람에게 적합한 일이다. 그래서 남성들에 비하여 상대적으로 차분한 성격을 지닌 여성들에게 어울리는 직업이라 하겠다.

▪ 서비스 정신

납세자의 억울함을 상담해주고 그 해결을 위해 한결같은 태도로 의뢰인의 마음을 안정시켜나가는 철저한 서비스

정신을 가져야 한다.

■ 연구하는 자세가 필요

또 세법 자체가 자주 변경되기 때문에 세무사는 끊임없이 자기 분야에서 최고가 되기 위하여 연구하고 노력하는 자세를 가져야 한다. 갑작스럽게 찾아온 고객의 당황스러운 질문에도 친절하게 답변하기 위해서는 세금에 관련된 지식에 한해 실력을 쌓아야만 한다.

2

세무사가 하는 일

세무사의 역할

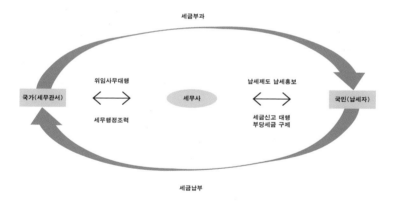

납세자의 입장에서는 자신이 내야 하는 세금이 얼마인지 정확하게 계산하는 것은 쉬운 일이 아니다. 이는 세법이 어렵고 너무

나도 자주 변경되기 때문이다. 세금을 반드시 납부해야만 하는 입장에서 그와 관련된 지식을 모두 습득할 수 없는 상황이기 때문에 그에 관련된 전문 지식을 가진 세무사에게 도움을 청하는 것은 너무나도 당연한 일이다.

과세관청의 입장에서도 세금을 잘 알지 못하는 체납자에게 상황을 설명하는 것보다 세무사를 상대하는 것이 더욱 효율적으로 시간과 인력을 사용할 수 있는 길인 것이다. 세무사의 활동은 과세관청과 납세자 모두에게 비용과 노력을 줄이는 공적 기능을 갖게 된다.

변호사의 경우도 세무사 자격이 자동적으로 부여되지만 변호사는 한국세무사회에 등록이 불가능하므로 실질적으로는 세무대리 업무를 수행할 수 없다. 반대로 조세소송대리권과 같은 경우, 변호사에게는 인정되지만 세무사와 공인회계사에게는 허용되지 않는다.

세무사가 하는 일은 크게 기장대행, 세무 신고 대리, 세무 상담, 행정심판대리와 같은 4가지로 나누어볼 수 있다.

▪ 기장 대행

기장 대행은 세무사가 하는 가장 주된 업무 영역이다. 이는 쉽게 말해 사업자의 회계장부를 대신 작성해주는 일이다. 각종 세금 신고에 대비한 장부 기재와 정리를 하는 일인데 직접 세무회계관리를 하는 것이 어려운 사람들을 위한 것이다.

회계직원을 따로 고용하기가 힘든 법인이나 개인사업자들이 주로 세무사에게 맡기는 경우가 많다. 규모가 있는 사업체를 가지고 있는 경우에는 대다수의 경우 회사 내에 회계 담당직원이나 부서를 두고 회계 관리를 하기 때문이다. 그러나 소규모 영세 사업자들의 경우에는 대기업처럼 회계 담당직원을 채용할 여력이 없어 세무사에게 이를 위탁 의뢰한다. 경리 직원을 두어서 매달 월급을 주는 것보다 세무사에 맡기는 것이 훨씬 경제적이다. 경리 담당직원을 채용할 경우 아무리 월급을 적게 준다고 하여도 한 달에 100만원 이상이 되는데 세무사에게 맡길 경우 10만원에서 30만원 정도를 지불하면 장부 기재를 대행해주기 때문이다.

세금에 관련된 회계장부는 간단한 수입과 지출 정리를 하는 것과는 다르기 때문에 세법상의 회계이론을 모르는 입장에서는 각종 세금 신고와 납부를 제대로 한다는 것이 쉬운 일이 아니다. 그리고 세무 신고를 제대로 하지 않았을 경우에는 불이익 등의 위험 부담이 따르기 때문에 사업자의 입장에서는 여간 부담스러운 일이 아닐 수 없다.

일정규모 이상의 사업체를 가진 사람의 경우 법인세, 부가가치세, 소득세 등을 납부해야 할 때에 회계장부를 구

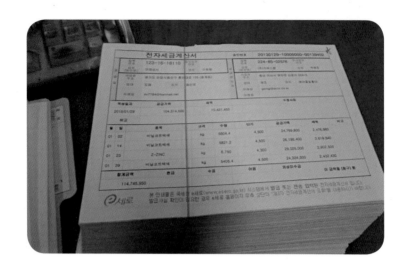

비하지 않고는 세무처리를 제대로 할 수 없으며 1999년
에 국세청은 모든 사업자가 장부를 기장해야 한다는 방
침에 맞게 간편장부라는 제도를 신설하였다. 즉 모든 사
업체가 스스로 장부를 기록하는 기장을 할 수 있게끔 돕
고자 한 것이다. 그러나 많은 사업자들이 세금에 대한 전
문지식이 부족하고 그로 인한 업무를 감당하기 어렵기
때문에 세무사의 도움을 얻고 있다.

■ 세무 신고 대리
세무 신고 대행 역시 세무사의 주요 업무 중 하나이다.
회계장부를 기장하지 않는 사업자도 각종 세금을 신고하

고 납부하는 기간이 되면 각종 까다로운 신고서를 작성해야만 한다.

실제 기장대행 보다도 이러한 세무 신고 대행을 위해 세무사를 찾는 사람들이 더욱 많다. 그 동안에는 세무서의 직원들이 각종 세금 신고 기간에 방문한 납세자들의 신고서를 작성해주기도 하였다. 그러나 국세청이 이러한 신고서 작성 대행을 원칙적으로 금지하게 되면서 세무사에게 도움을 요청하는 사람들이 늘고 있는 실정이다.

세무사의 업무 범위를 규정하고 있는 세무사법이나 세법에서도 이러한 세무 관계 서류에 대한 특별한 언급이 없기 때문에 과세 관서에 제출하는 서류를 작성하는 업무를 세무사의 고유업무로 보고 있는 실정이다.

선진 세무행정이라는 것이 세금을 부과하고 징수하는 국가기관의 입장에서만 그 편리성과 타당성을 추구하는 것이 아니고 세금을 신고하고 납부하는 기업이나 사업자 입장에서도 쉽고 편리하게 접근할 수 있는 체계로 만들어나가는 것이 진정한 의미의 선진 세무행정이라고 하겠다.

■ **세무 상담**

또 다른 주요 업무는 각종 세금에 관한 납세자의 의문과 고민을 상담하고 자문하는 일이다. 자문은 매달 자문료를 지급하는 이들에 한해 지속적으로 상담을 해 주는 것이며 상담은 각 사안을 가지고 올 때마다 사안에 맞는 금액을 받고 조언을 하는 것이다.

최근에는 무료 상담을 해주는 세무사들도 많기 때문에 납세자들이 궁금한 사안이 있으면 전화를 하거나 직접 방문하여 도움을 받을 수 있다.

조세 전문가로서 납세에 대한 질문에 조언을 주고 상담하는 이 일은 세무사의 주요하고도 핵심적인 업무임에도 불구하고 세무사들에게 있어서 수입원이 되지 못하고 있다. 이런 이유로 세무 상담은 세무사들이 그다지 반가워하지 않는 일이 되어 버렸다. 이는 상담은 무료로 한다는 생각에 젖어있는 우리 사회의 문화적 환경도 한 몫을 차지하고 있다. 외국의 경우에 상담에는 반드시 상담료를 지불한다. 왜냐하면 상담 자체가 지식을 바탕으로 하는 전문 서비스에 해당하기 때문에 외국에서는 비용을 당연히 지불해야 한다고 생각한다.

■ 행정심판 대리

세무사는 행정심판이 이루어질 때 납세자의 대리인으로 그 권리를 보호하는 일을 맡기도 한다. 현행 세법상 국세청의 세금 부과에 이의가 있는 경우 이에 대한 불복절차는 국세청에 대한 심사청구, 국세심판소에 대한 심사청구, 행정소송의 순서로 진행된다. 이 가운데 심사청구와 심판청구의 경우 대부분 세무사가 대리인 역할을 하고 있다. 불복청구 외에 납세자를 대신해 세무사가 세무조사에 입회하고 의견을 대신 말하는 것 또한 납세자의 권리를 보호하는 측면에서 세무사의 주요 업무로 여겨진다.

그러나 세무 관계로 인하여 소송까지 진행되는 경우에는 세무사가 더 이상 일을 대행 할 수 없게 된다. 이때에는 변호사에게 대행 권한을 넘겨야 한다.

세무사의 주요 업무

- 소득세, 법인세, 상속세, 증여세, 종합부동산세, 부가가치세, 특별소비세 및 기타 조세에 관한 상담
- 의뢰인을 대리하여 세무에 대한 각종 서류를 작성
- 작성된 서류들을 세무서에 신고, 신청, 청구
- 의뢰인의 장부나 서류 등을 분석하여 합법적이면서도 유리한 납세절차에 대하여 조언
- 사업자의 회계장부 작성과 각종 세무신고를 대리로 업무
- 세무대리인으로 신고서, 신청서, 이의신청, 심사 및 심판청구서 등을 작성하여 과세관청에 제출
- 납세자를 대신하여 과세관청에 대해 의견을 진술
- 세무조정계산서 작성 및 성실신고확인, 기타 세무관련 서류를 작성
- 조세에 관한 신고를 위한 회계장부작성을 대행
- 건설업 등의 기업진단 업무
- 경영관계의 지도와 상담 업무
- 지가공시 및 토지 등의 평가에 관한 법률 제10조의 3의 규정에 의한 개별공시지가에 대한 이의신청의 대리

세무사가 지켜야 할 의무

- 직무교육을 받을 의무
- 세무사로 등록하여 신원을 명백히 하여야 할 의무
- 세무사회에 입학하여 회칙을 준수, 직무감독을 받아야 할 의무
- 유급 공무원 겸임 또는 영리업무의 금지 의무
- 대리한 세무신고 등에 서명 날인
- 비밀 엄수 의무 · 성실 의무
- 품위 유지 의무 · 진실 의무
- 탈세 상담 금지 의무
- 직무 보조자 지도 · 감독 의무
- 명의 대여 금지 의무

세무사가 일하는 방식

세무사 자격을 취득한 후 일반적으로 개인 사무소를 개업하거나 세무법인이나 다른 세무사사무소에 입사하여 일하게 된다. 개인 사무소를 개업하는 데에도 소정의 절차가 필요하다. 세무사 사무소, 세무법인과 같은 곳 외에도 대기업이나 공기업 등에서 세무를 전문으로 하는 직장인으로 일할 수도 있다. 특히 기업에 채용될 때에 세무사 자격증을 가지고 있으면 입사에 유리하기 때문에 세무사 자격증을 먼저 따서 세무사로 일단 경력을 쌓은 뒤에 대기업에 입사하는 경우도 늘어나는 추세이다.

1 개인 세무사 사무실 개업

세무사 시험을 통과한 후, 세무 대리 업무를 개시하고자 할 때에는 한국세무사회에 가입하여 연수교육원에서 교육을 받아야 한다. 세무사 실무교육 대상자는 세무사 자격이 있는 자로서 한국세무사회 세무사 실무교육규정 제8조에 따라 실무교육 신청을 한 자에 한하며 수습 세무사(6개월) 및 국세 행정 경력 세무사(1개월)로 나누어 교육하는데 이 교육과정을 마쳐야만 세무사로서 일을 할 수 있다.

세무사는 한국세무사회에 모두 반드시 가입해야 한다.

세무사 사무소를 개업해서 일할 때 가장 어려움을 겪는 부분이 바로 세무 관련 일을 위탁하는 수임업체를 확보해 나가는 부분이다. 즉 세무사의 입장에서 볼 때 고객을 많이 유치하는 것이라 하겠다.

그런데 세무사업은 한 차례 의뢰 받고 끝나는 다른 전문직 사업과 달리 한 번 의뢰 받으면 매월 기장료, 정기 법인 조정료 등을 지급받기 때문에 수임업체를 확보하는 것은 사무실의 유지 뿐만 아니라 세무사의 수입과 직결된다. 그리고 한 번의 수탁으로 세무사와 의뢰 기업이나 사업자와의 관계는 지속적으로 이어지게 된다.

따라서 이미 다른 세무사와 일하고 있던 회사에 영업을 하여 자신과 거래하도록 하는 것은 절대 쉬운 일이 아니다. 또 세무

사에게 의뢰하는 회사들은 자본이 영세한 경우가 많기 때문에 수임 비용을 제때 정확하게 받아내는 일도 녹록치 않을 때가 많다.

또한 세무와 관련한 문제는 세무사만 독점적으로 서비스를 제공할 수 있는 것이 아니고 다른 전문직종과 겹치는 업무들이 있기 때문에 고객을 확보하기가 더욱 힘들어진다.

각종 법률 서비스 문제 중 조세 법률 관련 시장이 가장 크지만 조세 불복에 관련해서는 기업이나 사업자들이 세무사보다는 변호사를 선호한다.

사실 조세 불복사건을 해결하는 데에는 세무사의 역할이 비교적 크지만 대형 사건들의 경우에는 대개 회계법인이나 법률 법무법인에서 맡는 경우가 많다. 아무래도 소송까지 이어질 경우를 대비한 조치일 수도 있지만 반드시 그런 것도 아니기 때문에 개인 세무사들은 이러한 세무 시장의 변화에 민감하게 대응하여 자신들의 고객을 지속적으로 확보해 나갈 필요가 있다.

세무사 사무실은 납세와 관련된 정부 기관인 세무서 근처에 몰려있는 경우가 많으며 연중 세무신고에 관련된 달에는 야근을 비롯하여 과중한 업무를 보게 된다. 보통은 세무사를 돕는 일을 하는 세무서 사무관이나 회계사무원과 일한다.

국세 행정 경력 세무사

다음 중 하나에 해당하는 자는 세무사 제1차 시험의 모든 과목과 제2차 시험 과목 중 세법학 1부와 세법학 2부를 면제한다.

1. 국세에 관한 행정사무에 종사한 경력이 10년 이상인 자로서 5급 이상 공무원 또는 고위공무원단에 속하는 일반직 공무원으로 5년 이상 종사한 경력이 있는 자

2. 국세에 관한 행정사무에 종사한 경력이 20년 이상인 자

※ 세법학 출제 범위
 -세법학 1부 : 국세기본법, 소득세법, 법인세법, 상속세 및 증여세법
 -세법학 2부 : 부가가치세법, 개별소비세법, 지방세법 · 지방세기본법 및 지방세특례제한법 중 취득세 · 재산세 및 등록에 대한 등록면허세, 조세특례제한법

세무사 등록

세무사 자격시험에 합격하여 세무사 자격이 있는 자가 세무대리 업무를 시작하려면 기획재정부에 비치하는 세무사 등록부에 대통령령으로 정하는 사항을 등록하여야 하며 대통령령으로 정하는 바에 따라 갱신해야 한다.
이 경우 갱신기간은 3년 이상으로 한다.

〈세무사 등록 신청〉
세무사 등록 사무는 한국세무사회장에게 위임되어 있기 때문에 세무사 등록 신청서, 한국세무사회 입회신청서, 자격증 사본 등을 비롯한 몇 가지 서류를 갖추어 한국세무사회에 입회 신청과 동시에 등록 신청을 하고 입회비를 납부해야 한다.

〈세무사 등록 거부〉
세무사가 법률이 정한 결격사유에 해당하던지, 한국세무사회에서 실시하는 실무교육을 받지 않았던지, 공무원을 하거나 다른 영리 업무에 종사하는 경우에 기획재정부장관은 세무사 등록을 거부할 수 있다.

세무 법인회사는 세무사들이 일을 하는 데 있어서 수입이나 업무의 효율성을 높이기 위해 만든 조직인데 3인 이상의 세무사가 자본금 2억 원 이상을 가지면 세울 수 있다. 그래서 세무사는 개인적으로 세무사사무소를 개설하여 일을 할 수 있지만 다른 세무사들이 만들어놓은 세무 법인회사에 취직하여 일을 하기도 한다.

세무 법인에서 일을 하게 될 경우에는 각각의 세무사가 강점을 보이는 업무를 나눠서 맡는 경우가 많다. 국세청에서 경력을 쌓고 세무사가 된 사람이 함께 일할 경우 그는 아무래도 조사대리와 같은 실질적 업무를 일선에서 경험해본 바가 있기 때문에 의뢰

인들이 믿고 자신들의 문제를 맡기는 경우가 많다. 즉, 영업 활동에 있어서 좋은 역량을 보일 수 있다.

그러나 비경력직 출신의 세무사는 영업활동은 부족하지만 거래처를 관리하는 부분과 전문적인 이론을 펼치는 면에서 강세를 보이는 경우가 많다. 그렇기 때문에 이러한 장점들을 가진 세무사들이 하나의 회사를 설립하여 함께 일하면 더욱 좋은 시너지 효과를 만들어낼 수 있는 것이다.

그러나 세무 법인이 항상 운영하기에 좋고 효율적인 것만은 아니다.

일반적으로 세무사가 세무 법인회사에 들어가 일을 할 때에는 비록 자신의 회사는 아니지만 맡은 일에 있어서 회사를 대표하게 된다. 그러다보니 일을 부탁한 기업과 세무사의 업무적 친밀도가 높아 세무사가 다른 세무 법인회사로 옮겨 갈 때에는 그 세무사가 맡아서 일을 하던 의뢰인인 수임 회사를 빼가게 될 위험이 높다는 것이다.

또 국세청 출신의 세무사와 함께 일할 경우 전관예우를 해줘야 한다는 명목으로 지불되는 임금이 너무 높아 경영상의 문제가 발생하기도 한다.

그리고 법인의 성격상 소수의 법인회사 설립 세무사가 다른 세무사를 채용하여 일을 하다 보니 세무사 상호간에 계급의식이 존재하게 되고 그 결과 결속력이 떨어지기도 하며 수익금 분배 문제에 있어서도 분쟁이 발생할 소지도 있다. 이러한 상황은 법인

회사가 문을 닫게 되었을 때 함께 일하던 세무사들이 수임 회사를 나누어 갖는 일에 있어서도 다툼을 불러올 수가 있어 법인회사라 하여 항상 개인 세무사 사무소보다 능률적인 것은 아니다.

　세무사들이 자신의 개인 사무실을 열기 전 법인 회사에서 경험을 쌓는 경우가 많은데, 이러한 과정을 통해 일을 배울 뿐만 아니라 세무사 사회 내에서 인맥을 넓힐 수 있기 때문이다. 더불어 세무사에게 가장 중요한 고객 확보에 대한 다양한 정보와 노하우를 얻게 되며 경우에 따라서는 기존의 고객을 자신의 개업 사무소로 모셔올 수도 있어서 경험이 없는 초임 세무사들에게는 여러 면에서 도움이 될 수 있다.

3

세무사의 수입과 현황

    세무사는 경력에 따라 연봉의 차이가 있는 편이다. 국세청 출신 세무사는 고액 연봉이 가능한 것으로 알려져 있으나 시험 출신 일반 세무사는 수습기간 동안 낮은 보수를 받는 것으로 알려져 있다. 수습이 끝나면 연봉 2,000만원에서 3,000만원 사이의 금액을 수령하는 기간을 거치게 되고 그 후에는 개업이나 세무법인에 취업하여 월급을 받게 된다. 최근의 통계에 의하면 월 평균 370만원 정도의 수입을 갖는 것으로 소개 되었다.

    현대 사회는 다른 말로 산업사회로 표현될 만큼 산업체가 활발하게 생산 활동을 하고 있으며 이와 더불어 그들에게서 세금을 징수하는 세무행정 역시 갈수록 세밀화 되고 전문화 되어가고 있다. 특히 우리나라 세무행정은 다른 나라에 비하여 비교적 발달한 상황이라서 세무사의 역할은 갈수록 그 비중이 높아질 것으로 본다. 따라서 세무사의 고용안정 수준은 높은 편으로 알려져 있으며 업무의 자율성과 업무에 대한 권한이 높은 편이다.

그러나 관련 업무들이 증가되면서 근무 시간이 길어지고 정신적 스트레스의 수준이 높아지게 된다. 또 경기가 악화되면 세무사와 일하는 회사가 줄어들어 고객 즉 수임회사를 확보하기가 어려워진다. 그로 인해 사회적 환경의 변화 따라 세무사의 일하는 형태도 영향을 받게된다. 일반적으로 경기가 어려워질 경우, 세무 경력을 지닌 세무사는 상대적으로 영향을 덜 받겠지만 그렇지 못한 세무사는 자격 취득 후 공무원 시험을 치거나 대기업으로 입사하려는 경향이 많아진다.

향후 당분간 세무사의 고용은 증가할 것으로 보인다. 정부에서도 납세자가 양질의 세무대행 서비스를 낮은 비용으로 받을 수 있게끔 지원하고 있어서 세무사의 수요가 높아질 것으로 보인다.

세무사법의 개정이 이루어질 예정이어서 앞으로 세무사의 역할도 더욱 커질 것이다. 그러나 공인회계사, 변호사가 세무 업무를 할 수 있다는 점은 세무사의 가장 중요한 경쟁 상대가 될 수 있기 때문에 세무사 나름대로의 영업기술을 개발해야 할 것이다.

세무사 지방회별 현황 (2020. 11. 기준)

〈단위 : 명〉

구분	서울	중부	부산	대구	광주	대전	인천
총회원수	6,034 (747)	2,173 (263)	1,697 (148)	811 (54)	731 (58)	776 (84)	1,360 (161)
휴업회원	427 (105)	81 (21)	39 (8)	17 (4)	9 (0)	13 (3)	36 (15)
개업회원	5,607 (642)	2,092 (242)	1,658 (140)	794 (50)	722 (58)	763 (81)	1,324 (146)
개업회원구성비	43.3%	16.2%	12.8%	6.1%	5.5%	5.9%	10.2%

※ ( ) 은 여성 세무사 현황

세무법인 설치 현황 (2020. 11. 기준)

〈단위 : 개소〉

구분	서울	중부	부산	대구	광주	대전	인천
설치수	379	85	80	23	19	26	57
구성원	2,649	574	494	159	114	156	321

세무사 고용 현황

- 세무사로 종사하고 있는 사람은 13,582명이다.
- 세무사의 성비는 남자 88.9%, 여자 11.1%이며, 평균 계속 근로연수는 8.3년이다.

세무사 사무소에서 일하는 또 다른 직업

■ **회계 사무원**

세무사 사무소에서 일반 직원으로 일하는 직업 중 한 가지가 회계 사무원이다. 회계 사무원은 기업에서 경영을 하며 발생되는 수입 및 지출을 기록하고 정리하며 회계 보고서를 작성하는 업무를 맡는다. 손익 예상과 결산 업무 뿐만 아니라 주요 장부의 기장 및 전표를 계산하는 일을 하며 급여, 공과금, 세금에 관한 임금대장 등의 서류를 작성하는 일을 한다.

회계 사무원이 되기 위해서는 기본적인 수리 감각과 회계에 관련된 전문 지식이 필요하다. 또 그에 관련된 일을 하기 위한 컴퓨터 활용능력도 요구된다. 돈을 다루는 일을 하기 때문에 바른 윤리적 태도와 정직성, 도덕성이 요구되며 꼼꼼한 성격을 가진 사람에게 유리한 직업이다.

회계 사무원은 주로 반복 업무가 많아서 스트레스가 크지 않고 근무시간이 정해져 있기 때문에 업무 조건은 나쁘지 않은 편이다. 그러나 직업 전문성이 높지 않고 업무에 대한 독자적 권한도 낮다. 또한 채용하는 회사 측에서 20대 여성을 선호하는 경향이 있어서 근속 기간이 길지 않다. 아직까지는 세무사의 보조 업무를 수행하는 인력으로 간주된다.

회계사무원으로 취직하려면 고등학교 이상의 학력이 필요한데 특히 상업·정보계열 고등학교나 전문대학의 회계 관련 학과를 졸업하는 것이 유리하다.

취득하면 도움이 되는 관련 민간 자격증으로는 전산세무, 전산세무회계, 전산회계, 전산회계관리사, 전산회계사 등이 있다.

차분한 성격의 사람들이 업무 특성에 적합하며 대규모 세무법인의 경우에는 공채와 특채를 통해 취업하지만 일반적으로는 간단한 면접이나 소개로 세무사 사무소나 회계사 사무소 등에서 일하게 된다.

회계사무원으로 활동하고 있는 종사자수는 174,600명이며, 이 가운데 임금근로자는 169,900명(97.3%)이다. 회계사무원의 성비는 여자 65.6%, 남자 34.4%이며, 평균 연령은 34.4세이며, 평균 근로연수는 6년이다.

평균 연봉은 2,500만 원대이며 3년 이상의 경력을 쌓으면 3,000만원까지 받기도 한다.

4

외국세무자문사

외국세무자문사란 외국에서 그 나라의 세무 전문가 자격을 가진 세무전문가로서 우리나라에서 일정한 분야의 세무 관련 활동을 할 수 있도록 정부로부터 승인받은 사람을 말한다.

- **업무 내용**
  - 외국세무자문사 본국(원자격국)의 조세법령과 조세제도에 관한 상담 또는 자문
  - 이중과세를 방지하기 위하여 체결하는 조세조약에 관한 상담 또는 자문
  - 원자격국과 관련된 조세 회피 및 탈세를 규제하기 위한

이전가격세제, 과소자본세제, 조세피난처세제, 조세조약을 이용한 조세 회피 방지세제 및 이와 관련된 국가 간 조세 행정 협조에 관한 상담 또는 자문
- 국가 간 조세정보 교환 협정에 따른 협조에 관한 상담 또는 자문

■ **활동 방식**
- 개인 외국세무자문사무소를 개설하여 업무를 수행
- 개인 외국세무자문사무소의 외국세무자문사로 고용되어 업무를 수행
- 법인 외국세무자문사무소에 소속되거나 고용되어 업무를 수행
- 세무법인의 외국세무자문사로 고용되어 업무를 수행

PART 3

세무사가
되는 길

현재 세무학과라고 말할 때에는 크게 두 분야에 대한 지식을 종합적으로 가르치는 학과라 하겠는데 바로 세법과 회계이다. 세법은 법학과에서 회계는 회계학과에서 전문적으로 교육하는데 세무학과는 이 두 학과에서 세무 업무와 관련해 필요한 지식만을 뽑아 가르친다고 생각하면 된다. 따라서 세무학과를 다니지 않더라도 법학과에서 회계학을 더 공부하던지 아니면 회계학과에서 세법에 대해 더 공부하여 세무사 시험을 봐도 된다.

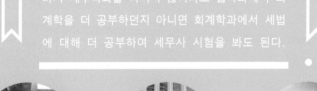

1

세무학 관련 학과와 대학

세무사가 되기 위해서는 국세청에서 시행하는 세무사 시험에 합격해야 한다. 세무사 국가 시험는 응시 자격에 제한이 없기 때문에 학교나 학과에 무관하게 응시가 가능하다.

그러나 세무 업무 자체가 전문적인 지식을 필요로 하는 일이라서 세무사 일을 직업적으로 수행하려면 세무와 관련된 공부를 하는 것이 장기적으로 볼 때 많은 도움이 될 것이다.

대학에서는 세무사 시험에서 필요한 과목들을 배울 수 있으며 졸업 전에 세무사 시험을 준비하여 합격하는 경우도 많다.

세무학 관련 학과

　　세무학과는 점차 기업 활동이 세계화되면서 외국 회사의 국내 진출, 국내 기업의 해외 진출에 따라 그와 관련된 세무 분야의 전문 인력 양성이 필요하게 되고 이에 발맞추어 변모하고 있다. 현대 사회는 지식산업 사회로 모든 분야에서 빠른 진화가 이루어지고 있고 그에 따라 세법 역시 자주 변경되고 있다. 그래서 세무학과에서는 세무 관련 법안의 끊임없는 변화에 맞는 교육을 하는데 세무학이라는 분야는 아직 통일된 체계를 가진 하나의 학문으로 자리잡지 못하고 있다.

　　그래서 세무학과에서는 세무를 중심으로 세법과 회계학 및 경제·경영학을 가르치는데 이는 학문적인 교육이라기보다는 실생활에 필요한 실용적 지식 교육을 목표로 하고 있다고 볼 수 있다.

현재 세무학과라고 말할 때에는 크게 두 분야에 대한 지식을 종합적으로 가르치는 학과라 하겠는데 바로 세법과 회계이다. 세법은 법학과에서 회계는 회계학과에서 전문적으로 교육하는데 세무학과는 이 두 학과에서 세무 업무와 관련해 필요한 지식만을 뽑아 가르친다고 생각하면 된다. 따라서 세무학과를 다니지 않더라도 법학과에서 회계학을 더 공부하던지 아니면 회계학과에서 세법에 대해 더 공부하여 세무사 시험을 봐도 된다. 따라서 세무사가 되기 위해 준비하는 마음으로 대학을 가겠다면 세무학과나 법학과 또는 회계학과 중 어느 학과로 진학해도 괜찮을 것 같다.

이러한 상황에서 대학의 세무 관련 학과의 교육과정은 대학마다 조금씩 다르기에 이는 지원하고자 하는 대학의 홈페이지에서 찾아보면 도움이 될 것이다.

또한 세무 관련학과의 명칭도 어느 하나로 통일되어 있지 않아서 대학마다 다양한 학과 명칭을 사용하고 있으니 대학마다 직접 교육 내용을 확인하여 내가 배우고자 하는 과목을 가르치는지 한 번 알아보는 것이 바람직하다고 하겠다.

세무학과의 졸업생들은 세무 전문 변호사가 되기 위하여 로스쿨에 진학하거나 회계사, 세무사, 세무직 공무원과 같은 길로 진출하며 대기업에 입사하여 일을 하기도 한다.

교육과정

대학에서 가르치는 과목은 4년제와 2년제에 따라 다르고, 2년제 대학이라도 심화과정의 경우는 또 다르다.

그리고 가르치는 과목은 학과 학생 모두가 반드시 수강해야 하는 전공 필수 과목과 일정한 학점 내에서 학생들이 자유로이 선택하여 수강하는 전공 선택 과목이 있다.

다음의 교과목은 전공 필수와 선택 모두를 예시한 것으로 이 중에서 필수 과목과 선택 과목을 배우게 된다.

전문대학의 전공심화 과정은 4년제 대학과 같은 것으로 졸업 시에 일반 학사학위를 수여 받는다.

4년제 대학 세무 관련학과 커리큘럼의 예

1. 경희대학교 회계세무학전공

- **1학년** : 관리회계1, 경영통계학, 경제학원론, 회계원리
- **2학년** : 세무회계1, 재무회계1, 세법총론, 회계원리, 경영정보시스템, 마케팅원론, 재무관리, 조직행동론, 회사법
- **3학년** : 고급회계, 관리회계2, 세무회계2, 재무제표분석, 교과교육론(상업정보)
- **4학년** : 회계학특강1, 졸업논문(회계학), 경영인턴십

2. 계명대학교 세무학과

- **1학년** : 세금 입문, 재무회계원리, 경제생활과세금
- **2학년** : 원가회계, 부가가치세법, 소득세법, 중급회계, 세무영어, 전산세무관리회계, 중급 회계, 법인세법, 조세 총론
- **3학년** : 미시경제학, 회계학 연습, 재산제세법, 세무전산실무, 거시경제학, 국제조세론, 기업법, 지방세법, 법인세 연습, 조세법 연습, 고급 전산세무, 창업과 세무, 세무학 전공 글쓰기, 기업 영어
- **4학년** : 관세법, 조세정책론, 세무학 특강, 재정학, 세무학 캡스톤디자인, 세무학 프로젝트, 세무학 학기 인턴십, 계정과목별 회계와 세무, 헌법, 세무학 인턴십

전문대학 세무 관련학과 커리큘럼의 예

1. 신구대학 세무회계(학)과

- **1학년** : 대학생활과 자기 이해, 생활영어, OA실습, 현대인의 직장예절, 경영학원론, 법학개론, 소득세법, 실무 영어회화, 조세법개론, 회계원리, 경제원론, 법인세법, 상법, 원가관리회계, 지방세법, 창업과 마케팅

- **2학년** : 직무역량과 자기개발, 부가가치세법, 엑셀 회계실습, 재무관리, 재정학, 전산 회계실무, 중급재무회계, 금융회계, 무역회계, 세무조정실무, 세무회계과 취업전략과 실전, 세무회계 세미나, 재무제표 분석, 현장실습, 회계감사 사회봉사, 해외 어학연수, 인턴과정, 해외인턴과정

- **심화과정 I (4년제 대학 3학년에 해당)**
  고급토익강좌, 산업심리학, 스크린 영어, 한국사회의 변화와 기업, 세무학 특강, 조세론, 회계학 특강, 관리회계정보의 전략적 이용, 금융자산관리, 기업분석 및 가치평가, 법인세무 실무, 인사조직, 사회봉사, 해외 어학연수, 인턴과정, 해외인턴과정

- **심화과정 II (4년제 대학 4학년에 해당)**
  창업과 경영, 국제 회계기준, 비즈니스 영어회화, 세무 전략, 소득세법 및 부가가치세 실무, 전공영어, 전산세무1급, 계정과목처리 실무, 고급세무조정 실무, 고급 회계, 세무심판ㆍ판례연구, 사회봉사, 해외 어학연수, 인턴과정, 해외인턴과정

  ※심화과정을 마치면 4년제 대학 졸업생과 같은 학사학위를 받는다.

2. 가톨릭상지대학

- **1학년** : 경영학원론, 회계원리, 경제학원론, 세법원리, 행복한 직업, 인사조직론, OA, 원가회계, 재무회계, 소득세실무, 재무관리, 부가가치세실무,
- **2학년** : 세무회계 실무, 전산세무, 법인세실무, 세무회계, 전산회계, 재무제표론, 관리회계, 재무회계연습, 경영분석, ERP개론, 현장실습

개설 대학

1 4년제 대학

- **세무학과** : 강남대, 건양대, 계명대, 남서울대, 서울시립대, 창원대
- **세무회계학과** : KC대, 대구가톨릭대, 동덕여대, 부산외국어대, 신라대, 인제대, 인천대
- **회계세무학과** : 경기대, 경희대, 전주대
- **세무경영학과** : 광주대
- **금융세무학과** : 우송대, 협성대
- **금융회계학과** : 국민대, 동명대
- **회계학과** : 강릉원주대, 경남과학기술대, 경상대, 경성대, 계명대, 군산대, 대구대, 대전대, 동국대, 상지대, 순천대,

순천향대, 숭실대, 울산대, 전북대, 제주대, 창원대, 한남대

2 전문대학

- **전산세무회계과** : 가톨릭상지대
- **세무공무원과** : 대덕대
- **세무회계과** : 경민대, 경복대, 경인여대, 구미대, 국제대, 대구보건대, 대림대, 동강대, 동서울대, 두원공과대, 명지전문대, 배화여대, 부산경상대, 부천대, 숭의여대, 신구대, 신안산대, 연성대, 오산대, 용인송담대, 인천재능대, 장안대, 창원문성대, 청암대, 한림성심대, 한양여대
- **세무물류과** : 서해대
- **세무회계 · 유통과** : 경남도립거창대학
- **세무회계학과 관련** : 계명문화대, 김포대, 대전과학기술대,동남보건대, 동양미래대, 동원대, 서일대, 선린대, 수원과학대, 수원여대, 안산대, 여주대, 울산과학대, 인덕대
- **경영세무회계 관련** : 거제대, 순천제일대, 유한대, 전북과학대, 순천제일대
- **세무경영과** : 신성대
- **웅지세무대** : 회계정보, 세무정보, 세무행정

■ **회계정보학**

회계에 관한 기초개념과 원리를 배우는 단계로 복식부기의 기초 원리, 재무제표 작성 등에 대하여 공부한다.

■ **재무회계**

기업 재무회계의 이론적 구조를 배우는 과목인데 회계기준에 의한 회계처리 지침을 공부하여 투자의사 결정, 신용의사 결정 및 현금흐름 등에 관한 회계정보를 분석하는 능력을 향상시킨다.

■ **원가관리회계**

제조원가 보고서 및 원가계산방법 등을 공부하여 사업의 수익성 분석, 원가분석 등 단기의사 결정과 신규 사업에 대한 사업타당성, 내부구조 조정을 위한 제품라인의 추가 및 폐기 등에 대한 의사결정 능력을 기른다.

■ **마케팅관리**

이 과목에서는 마케팅의 기초 개념들을 소개하고, 마케팅을 기업에 있어서 하나의 전략적인 계획과정으로 보아 그 과정을 단계별로 학습한다.

■ **기업법**

기업 경영 활동과 밀접한 관련을 맺고 있는 상법의 본질 및 근본 원칙에 대한 개괄적인 이해와 상인, 사용인, 상호, 장부, 상거래, 각종 회사, 보험, 어음, 수표 등에 관한 상법상의 제도에 관하여 공부한다.

그리고 회사제도의 여러 가지 기본적 법리와 아울러 주식회사, 합명회사, 합자회사, 유한회사에 관하여 배운다.

- **조세법**

  조세 개념과 체계의 정리, 조세의 부과와 징수 방법 그리고 이에 승복하지 않는 경우 구제신청 방법을 배운다. 개인사업자의 소득세와 부가가치세법에 대해서도 공부한다.

- **재무관리**

  기업경영자로서 필수적인 자금의 조달과 운용에 관한 합리적이고 체계적인 관리 기법에 관한 공부로 화폐의 시간 가치와 위험 분석을 기본적인 방법으로 각종 증권의 분석과 자본 예산 등에 관한 제반 이론과 실무를 배운다.

- **세무회계**

  세무회계는 복식부기의 회계이론에 따라 법인의 소득세를 산출하고 또한 절세 문제에 대하여 연구한다.

- **재무제표 분석**

  재무제표를 이용하여, 기업의 경영분석, 증권분석, 신용분석, 지배구조와 기업정책에 관한 분석 등을 배워 기업의 재무정보를 이해하고 활용할 수 있는 능력을 갖춘다.

- **회계감사**

  회계감사는 거래와 회계절차의 결과, 작성된 재무제표를 조직적으로 분석, 검토하고 평가하는 절차를 배운다.

- **비영리회계**

  정부회계를 비롯하여 대학, 의료기관과 같은 비영리 조직의 회계에 대하여 공부하여 기업 재무회계와 비영리회계의 차이를 이행한다.

- **전산세무**

  기업의 전산화된 재무거래 및 세무거래를 전산 소프트웨어를 사용하여 회계하고 세무 처리 하는 방법을 배운다. 또한 결산 및 수정사항을 전산처리하며 대차대조표, 손익계산서 등 재무제표와 각종 부속명세서를 자동으로 작성할 수 있는 능력을 기른다.

- **소득세법**

  본 과목에서는 소득세의 의의과 과세원칙, 납세의무자, 과세기간과 납세지, 소득세의 계산구조를 개략적으로 이해한 후, 이자소득, 배당소득, 부동산임대소득, 사업소득, 근로소득, 일시재산소득, 연금소득, 기타소득 등과 같은 종합소득에 대하여 소득의 범위와 소득금액의 계산, 과세표준의 계산, 세액의 계산방법 및 신고납부절차 등을 배운다.

- **법인세법**

법인세법의 총설과 익금, 손금등 기초적인 법인세법에 대하여 배우며 법인세법에서의 특례, 과세표준과 세액계산 및 납세절차 등에 대하여 공부한다.

- **재산제세법**

  재산 관련 국세인 양도소득세, 상속세 및 증여세, 종합부동산세와 지방세인 재산세, 취득세, 등록세 등에 대하여 공부한다.

- **지방세법**

  국세기본법을 토대로 한 지방세법의 해석 원칙, 지방세의 과세요건 일반론, 지방세의 사후구제 등에 관한 내용을 공부한다.

- **부가가치세법**

  부가가치세의 유형과 성격, 과세방법 등의 부가가치세 기초이론을 익힌 후, 납세의무자, 과세기간, 납세지, 과세거래, 영세율과 면세, 과세표준의 계산, 거래징수와 세금계산서, 납부세액의 계산, 신고납부절차 및 간이과세 등을 공부한다.

- **국제조세론**

  국제조세의 기초이론으로 내국 납세자의 해외 원천소득에 대한 내국세법상의 과세에 관한 기본개념, 외국납세자의 국내 및 해외 원천소득에 대한 과세에 관한 개념, 조세협약 등에 대하여 공부한다.

2

세무사 국가시험

응시자격

시험응시에 전공, 학력 등의 제한은 없으며 영어시험을 보거나 영어시험을 대체하기 위한 어학성적(토익기준 700점 이상)은 필수적이다. 세법학, 회계학, 재정학 등의 전문지식을 평가하기 때문에 대학에서 경제, 경영, 법학, 세무회계 관련 학과를 전공하면 유리하다. 사설 학원에서도 세무사 자격 취득을 위한 강좌가 개설되어 있다.

시험 과목

① **1차 시험** : 객관식 5지 택1형
   - 재정학
   - 세법학개론(국세기본법, 국세징수법, 조세범처벌법, 소득세법, 법인세법, 부가가치세법, 국제조세조정에 관한 법률) · **회계학개론**
   - 상법(회사편) · 민법(총칙) · 행정소송법(민사소송법 준용규정 포함) 중 택1
   - 영어(공인어학시험으로 대체)

② **2차 시험** : 주관식 논술형
   - 회계학1부(재무회계, 원가관리회계)
   - 회계학2부(세무회계)
   - 세법학1부(국세기본법, 소득세법, 법인세법, 상속세 및 증여세법)
   - 세법학2부(부가가치세법, 개별소비세법, 조세특례제한법, 지방세법 · 지방세기본법 및 지방세특례제한법 중 취득세 · 재산세 및 등록에 대한 등록면허세)

세무사 1차 시험 면제 대상

아래에 포함되는 응시자는 1차 시험을 면제 받을 수 있으며 응시원서 접수 시 일부 면제 사항을 기재하여 응시원서를 제출하여야 한다.

- 1차 시험 과목 면제대상 경력자
  - 국세에(관세를 제외한다. 이하는 같다)관한 행정사무에 종사한 경력 이 10년 이상인 자
  - 지방세경력 10년(그 중 5급 이상으로 5년 이상)이상인 자
  - 지방세경력 20년 이상인 자
  - 대위급 이상 군인으로 10년 이상 군 경리업무 경력을 가진 자
  - 바로 전회 세무사 1차 시험에 합격한 자

- 1차 시험 전 과목 면제 및 2차 시험 과목 중 세법학1부와 세법학2부 면 제 대상경력자
  - 국세에 관한 행정사무에 종사한 경력이 20년 이상인 자
  - 국세에 관한 행정사무에 종사한 경력이 10년(그 중 5급 이상으로 5 년 이상 또는 고위공무원단 일반직 5년 이상)이상인 자

세무사 시험과 공인회계사 시험

세무사 1차 시험은 공인회계사 1차 시험과 유사한 점이 많다. 우선 시험과목에서 재정학이 포함되고, 공인회계사 1차 시험에 포함된 경제원론과 경영학이 빠지며 나머지 과목은 모두 동일하다. 따라서 최근에는 공인회계사 시험 준비생들 중 상당수가 세무사 시험을 동시에 준비하기도 한다.

과목별 시험시간

시험구분	교시	시험과목	입실완료	시험시간	문항수
제1차 시험	1교시	재정학 세법학개론	09:00	09:30~10:50(80분)	과목별 40문항
	2교시	회계학개론 상법·민법· 행정소송법 중 택1	11:10	11:20~12:40(80분)	과목별 40문항
제2차 시험	1교시	회계학1부	09:00	09:30~11:00(90분)	4문항
	2교시	회계학2부	11:20	11:30~13:00(90분)	4문항
	3교시	세법학1부	13:40	14:00~15:30(90분)	4문항
	4교시	세법학2부	15:50	16:00~17:30(90분)	4문항

- 시험과 관련하여 법률·회계처리기준 등을 적용하여 정답을 구하여야 하는 문제는 해당 시험 전일 현재 시행중인 법률·기준 등을 적용하여 그 정답을 구하여야 함
- 회계학 과목의 경우 한국채택국제회계기준(K-IFRS)만 적용하여 출제

합격 기준과 합격률

- **1차 시험**
  영어 과목을 제외한 나머지 과목에서 과목당 100점을 만점으로 하여 각 과목의 점수가 40점 이상이고, 전 과목 평균점수가 60점 이상인 사람을 합격자로 결정한다.
- **2차 시험**

과목당 100점을 만점으로 하여 각 과목의 점수가 40점 이상이고, 전 과목 평균점수가 60점 이상인 사람을 합격자로 결정한다.

세무사 시험 합격률

〈단위 : 명〉

구분		응시자	합격자	합격률(%)
2007년 (제44회)	1차 시험	8,282	516	6.23
	2차 시험	1,975	707	35.8
2012년 (제49회)	1차 시험	6,691	1,429	21.4
	2차 시험	3,593	654	18.2
2014년 (제51회)	1차 시험	7,240	2,218	30.6
	2차 시험	4,787	631	13.2
2016년 (제53회)	1차 시험	9,327	2,988	32.0
	2차 시험	5,020	634	12.6
2019년 (제56회)	1차 시험	8,713	2,526	29.0
	2차 시험	5,245	725	13.8

2019년의 세무사 자격시험에는 제1차 시험에서 총 8,713명이 응시하였으며 2,526명이 합격해 29%의 합격률을 보였다. 2차 시험에는 5,245명이 응시, 725명이 합격했다. 합격률은 13.8%다. 한편 2018년의 세무사 2차 시험 합격률은 12%였다.

3

세무사 실무 교육

세무사 실무교육은 세무사 자격을 얻은 사람이 세무대리 업무 즉 세무사로서 일을 시작하려면 반드시 6개월 이상 동안 교육을 받아야 한다. 이를 실무교육이라고 하는데 경력을 인정받아 세무사 자격시험의 일부를 면제 받은 국세경력세무사는 1개월의 교육을 받는다.

세무 연수원

세무연수원은 세무사법과 한국세무연수원 설치운영규정에

의하여 2004년에 설치된 한국세무사회의 부설 연수원이다. 세무사 회원들을 위한 연수와 세무사 사무소의 직원들, 납세자와 기타 교육을 의뢰하는 사람들을 위하여 세무, 회계, 경영 전반을 교육하는 곳이다.

조세에 대한 지식을 얻게 하고 세무사 관련 업무를 하는 사람들의 경우에는 업무를 더욱 전문화하여 일할 수 있도록 돕는 목적을 갖고 있다.

교육과정

세무 연수원에서는 세무사 실무교육을 하고 있는데 이는 세무사가 개업하여 일을 할 수 있도록 실무 능력을 갖게 하기 위한 것이다.

세무사 실무교육은 세무사 자격이 있는 사람이 대상이며 실무교육을 신청하여야만 받을 수 있다. 이 과정을 마쳐야만 세무 업무를 할 수 있게 된다.

1 수습세무사 실무교육

세무사법 제12조의5 제1항에 의거 세무사 자격시험 1, 2차 합격자를 대상으로 세무사로서의 자질을 갖추고 직업 윤리의식 및 실무능력을 함양시켜 업무에 효율적으로 활용하기 위하여 6개월(기본교육 1개월, 특별교육 5개월) 과정을 마치게 된다.

윤리교육, 소양교육, 국세 및 지방세에 관한 교육, 회계 및 세무회계에 관한 교육, 국제조세에 관한 교육, 기타 필요하다고 인정되는 사항에 관한 교육 등을 받게 되며 월 80시간 이상 교육을 이수하고 특별교육은 주 20시간 이상 이수하여야 한다.

2 국세 경력 세무사 실무교육

세무사법 제5조의2에 의거 세무사시험에 합격한 자와 법률 제6080호 부칙 제3항의 규정에 의거 세무사 자격을 가진 자가 세무사등록을 하기 전에 세무사사무소 개업에 필요한 교육을 1개월 이상 실시하고 있다.

▪ 교육 내용
기본교육 (7일)은 총 49시간으로 교육장에서 이루어진다.

1.세무사의 소양교육

2.국세,지방세 관련 교육

3.회계,세무회계 관련 교육

4.국제조세 관련 교육

5.기타

특별교육 (13일)은 실무지도세무사사무소, 국세청(세무서)에서
이루어진다.

일일 4시간 이상으로 총 52시간 이상의 교육을 받게 된다.

1.법인세 소득세 실무

2.재산제세 실무

3.간접세실무

4.기업회계 결산실무

5.지방세실무

6.세무상담, 기장업무 등

참고 자료

관련 사이트
세무 관련 용어 설명
세무사법
한국세무사회 회칙
세무사 실무교육 규정
한국세무사회 윤리규정

1 관련 사이트

- **국세청**　　　　　http://www.nts.go.kr
- **국세청 홈텍스**　　http://www.hometax.go.kr
- **국세공무원교육원**　http://www.taxstudy.nts.go.kr
- **금융감독원**　　　　http://www.fss.or.kr
- **세무포털**　　　　　http://www.semuportal.com
- **조세심판원**　　　　http://www.tt.go.kr
- **한국공인회계사회**　http://www.kicpa.or.kr
- **한국세무사회**　　　http://www.kacpta.or.kr
- **한국여성세무사회**　http://www.womencpta.com
- **한국조세재정연구원**　http://www.kipf.re.kr
- **한국회계기준원**　　http://www.kasb.or.kr

2 세무사 관련 용어 설명

- "세법"이란 국세의 종목과 세율을 정하고 있는 법률과 「국세징수법」, 「조세특례제한법」, 「국제조세조정에 관한 법률」, 「조세범 처벌법」 및 「조세범 처벌절차법」을 말한다.
- "원천징수"란 세법에 따라 원천징수의무자가 국세를 징

수하는 것을 말한다.

- "가산세"란 세법에서 규정하는 의무의 성실한 이행을 확보하기 위하여 세법에 따라 산출한 세액에 가산하여 징수하는 금액을 말한다. 다만, 가산금은 포함하지 아니한다.

- "가산금"이란 국세를 납부기한까지 납부하지 아니한 경우에 「국세징수법」에 따라 고지세액에 가산하여 징수하는 금액과 납부기한이 지난 후 일정 기한까지 납부하지 아니한 경우에 그 금액에 다시 가산하여 징수하는 금액을 말한다.

- "체납처분비"란 「국세징수법」 중 체납처분에 관한 규정에 따른 재산의 압류, 보관, 운반과 매각에 든 비용(매각을 대행시키는 경우 그 수수료를 포함한다)을 말한다.

- "지방세"란 「지방세기본법」에서 규정하는 세목을 말한다.

- "공과금"이란 「국세징수법」에서 규정하는 체납처분의 예에 따라 징수할 수 있는 채권 중 국세, 관세, 임시수입부가세, 지방세와 이에 관계되는 가산금 및 체납처분비를 제외한 것을 말한다.

- "납세의무자"란 세법에 따라 국세를 납부할 의무가 있는 자를 말한다.

- "납세자"란 납세의무자와 세법에 따라 국세를 징수하여

납부할 의무를 지는 자를 말한다.

- "과세기간"이란 세법에 따라 국세의 과세표준 계산의 기초가 되는 기간을 말한다.

- "과세표준"이란 세법에 따라 직접적으로 세액산출의 기초가 되는 과세대상의 수량 또는 가액을 말한다.

- "과세표준신고서"란 국세의 과세표준과 국세의 납부 또는 환급에 필요한 사항을 적은 신고서를 말한다.

- "전자신고"란 과세표준신고서 등 이 법 또는 세법에 따른 신고 관련 서류를 국세청장이 정하여 고시하는 정보통신망(이하 "국세정보통신망"이라 한다)을 이용하여 신고하는 것을 말한다.

- "신고납부"란 납세의무자가 그 납부할 세금의 과세표준과 세액을 신고하고 그 신고한 세금을 납부하는 것을 말한다.

- 부과"란 과세권자가 납세의무자에게 세금을 부담하게 하는 것을 말한다.

- "징수"란 과세권자가 납세자로부터 세금을 거두어들이는 것을 말한다.

- "보통징수"란 세무공무원이 납세고지서를 해당 납세자에게 발급하여 세금을 징수하는 것을 말한다.

제1장 총칙

제1조(목적)

이 법은 세무사제도를 확립하여 세무행정의 원활한 수행과 납세의무의 적정한 이행을 도모함을 목적으로 한다.

제1조의2(세무사의 사명)

세무사는 공공성을 지닌 세무전문가로서 납세자의 권익을 보호하고 납세의무를 성실하게 이행하게 하는 데에 이바지하는 것을 사명으로 한다.

제2조(세무사의 직무)

세무사는 납세자 등의 위임을 받아 다음 각 호의 행위 또는 업무(이하 "세무대리"라 한다)를 수행하는 것을 그 직무로 한다.

1. 조세에 관한 신고 · 신청 · 청구(과세전적부심사청구, 이의신청, 심사청구 및 심판청구를 포함한다) 등의 대리(「개발이익환수에 관한 법률」에 따른 개발부담금에 대한 행정심판청구의 대리를 포함한다)

2. 세무조정계산서와 그 밖의 세무 관련 서류의 작성

3. 조세에 관한 신고를 위한 장부 작성의 대행

4. 조세에 관한 상담 또는 자문

5. 세무관서의 조사 또는 처분 등과 관련된 납세자 의견진술의 대리

6. 「부동산 가격공시 및 감정평가에 관한 법률」에 따른 개별공시지가 및 단독주택가격·공동주택가격의 공시에 관한 이의신청의 대리

7. 해당 세무사가 작성한 조세에 관한 신고서류의 확인. 다만, 신고서류를 납세자가 직접 작성하였거나 신고서류를 작성한 세무사가 휴업하거나 폐업하여 이를 확인할 수 없으면 그 납세자의 세무 조정이나 장부 작성의 대행 또는 자문 업무를 수행하고 있는 세무사가 확인할 수 있다.

8. 「소득세법」에 따른 성실신고에 관한 확인

9. 그 밖에 제1호부터 제8호까지의 행위 또는 업무에 딸린 업무

제3조(세무사의 자격)

다음 각 호의 어느 하나에 해당하는 자는 세무사의 자격이 있다.

1. 제5조의 세무사 자격시험에 합격한 자
3. 변호사의 자격이 있는 자

제3조의2(세무사자격심의위원회)

① 세무사 자격의 취득과 관련한 다음 각 호의 사항을 심의하

기 위하여 국세청에 세무사자격심의위원회를 둘 수 있다.

1. 세무사 자격시험 과목 등 시험에 관한 사항

2. 시험 선발 인원의 결정

3. 시험의 일부 면제 대상자의 요건

4. 그 밖에 세무사 자격 취득과 관련한 중요 사항

② 세무사자격심의위원회의 구성과 운영 등에 필요한 사항은 대통령령으로 정한다.

제4조(세무사의 결격사유)

다음 각 호의 어느 하나에 해당하는 자는 제6조에 따른 등록을 할 수 없다.

1. 미성년자

2. 금치산자와 한정치산자

3. 파산선고를 받고 복권(復權)되지 아니한 자

4. 탄핵이나 징계처분으로 그 직에서 파면되거나 해임된 자로서 3년이 지나지 아니한 자

5. 이 법, 「공인회계사법」 또는 「변호사법」에 따른 징계로 제명되거나 등록취소를 당한 자로서 3년이 지나지 아니한 자와 정직(停職)된 자로서 그 정직기간 중에 있는 자

6. 제17조제3항에 따른 등록거부 기간 중에 있는 자

7. 금고 이상의 실형을 선고받고 그 집행이 끝나거나(집행이 끝난 것으로 보는 경우를 포함한다) 집행이 면제된 날부터 3년이

지나지 아니한 자

8. 금고 이상의 형의 집행유예를 선고받고 그 유예기간이 끝난 날부터 1년이 지나지 아니한 자

9. 금고 이상의 형의 선고유예를 받고 그 유예기간 중에 있는 자

10. 이 법과 「조세범처벌법」에 따른 벌금의 형을 받은 자로서 그 형의 집행이 끝나거나 집행을 받지 아니하기로 확정된 후 3년이 지나지 아니한 자 또는 「조세범처벌절차법」에 따른 통고처분을 받은 자로서 그 통고대로 이행된 후 3년이 지나지 아니한 자

제2장 시험

제5조(세무사 자격시험)

① 세무사 자격시험은 기획재정부장관이 실시하는 제1차 시험과 제2차 시험으로 한다.

② 제4조제2호부터 제10호까지의 어느 하나에 해당하면 시험에 응시할 수 없다.

③ 제1항에 따른 세무사 자격시험의 과목과 그 밖에 시험에 필요한 사항은 대통령령으로 정한다.

제5조의2(시험의 일부 면제)

① 다음 각 호의 어느 하나에 해당하는 자는 제1차 시험을 면제한다.

　1. 국세(관세는 제외한다. 이하 같다)에 관한 행정사무에 종사한 경력이 10년 이상인 자

　2. 지방세에 관한 행정사무에 종사한 경력이 10년 이상인 자로서 5급 이상 공무원 또는 고위공무원단에 속하는 일반직공무원으로 5년 이상 종사한 경력이 있는 자

　3. 지방세에 관한 행정사무에 종사한 경력이 20년 이상인 자

　4. 대위 이상의 경리병과(經理兵科) 장교로서 10년 이상 군의 경리 업무를 담당한 경력이 있는 자

② 다음 각 호의 어느 하나에 해당하는 자는 제1차 시험의 모든 과목과 제2차 시험 과목 수의 2분의 1을 넘지 아니하는 범위에서 대통령령으로 정하는 일부 과목을 면제한다.

　1. 국세에 관한 행정사무에 종사한 경력이 10년 이상인 자로서 5급 이상 공무원 또는 고위공무원단에 속하는 일반직 공무원으로 5년 이상 종사한 경력이 있는 자

　2. 국세에 관한 행정사무에 종사한 경력이 20년 이상인 자

③ 탄핵이나 징계처분에 따라 그 직에서 파면되거나 해임된 자에게는 제1항과 제2항을 적용하지 아니한다.

④ 제1차 시험에 합격한 자는 다음 회의 시험에서만 제1차 시험을 면제한다.

제5조의3(부정행위자에 대한 제재)

기획재정부장관은 다음 각 호의 어느 하나에 해당하는 사람에 대하여는 해당 시험을 정지시키거나 무효로 하고, 그 처분이 있는 날부터 5년간 시험응시자격을 정지한다.

1. 부정한 방법으로 시험에 응시한 사람
2. 시험에서 부정한 행위를 한 사람

제3장 등록

제6조(등록)

① 제5조의 세무사 자격시험에 합격하여 세무사 자격이 있는 자가 세무대리를 시작하려면 기획재정부에 비치하는 세무사등록부에 대통령령으로 정하는 사항을 등록하여야 한다.

② 제1항에 따른 등록은 대통령령으로 정하는 바에 따라 갱신할 수 있다. 이 경우 갱신기간은 3년 이상으로 한다.

③ 기획재정부장관은 제1항에 따라 등록을 신청한 자가 다음 각 호의 어느 하나에 해당하는 경우에는 그 등록을 거부하여야 한다.

1. 제4조 각 호의 결격사유 중 어느 하나에 해당하는 경우
2. 제12조의5제1항에 따른 실무교육을 받지 아니한 경우
3. 제16조를 위반하여 공무원을 겸하거나 영리 업무에 종사

하는 경우

④ 기획재정부장관은 제3항에 따라 등록을 거부하는 경우에는 등록신청을 받은 날부터 30일 이내에 신청인에게 그 사유를 알려야 한다.

⑤ 제1항에 따라 등록한 세무사는 그 등록사항이 변경된 경우에는 대통령령으로 정하는 바에 따라 기획재정부장관에게 신고하여야 한다.

제7조(등록의 취소)

기획재정부장관은 세무사가 다음 각 호의 어느 하나에 해당하는 경우에는 그 등록을 취소한다.

1. 제17조제1항 및 제2항제1호에 따라 징계처분을 받은 경우
2. 제4조 각 호의 결격사유 중 어느 하나에 해당하게 된 경우
3. 해당 세무사가 등록취소를 청구한 경우
4. 제13조제3항에 따라 폐업신고를 한 경우
5. 「공인회계사법」이나 「변호사법」에 따라 등록이 취소된 경우
6. 사망한 경우

제8조(등록 또는 등록취소의 통지)

기획재정부장관은 제6조에 따라 등록을 하거나 제7조에 따라 등록을 취소한 경우에는 그 세무사 자격이 있는 자가 가입한 한국세무사회·한국공인회계사회 또는 대한변호사협회(이하 "소속

협회"라 한다)에 알려야 한다.

제4장 세무사의 권리 · 의무

제9조(기명날인)

제6조에 따라 등록을 한 자가 납세자 등을 대리하여 조세에 관한 신고서 · 신청서 · 청구서, 그 밖의 서류를 작성하여 관계 기관에 제출할 때에는 그 서류에 기명날인하여야 한다.

제10조(조사 통지)

세무공무원은 제9조에 따라 제출된 신고서 · 신청서 · 청구서를 조사할 필요가 있다고 인정되면 해당 세무사에게 조사할 일시와 장소를 알려야 한다.

제11조(비밀 엄수)

세무사와 세무사였던 자 또는 그 사무직원과 사무직원이었던 자는 다른 법령에 특별한 규정이 없으면 직무상 알게 된 비밀을 누설하여서는 아니 된다.

제12조(성실의무)

① 세무사는 그 직무를 성실히 수행하여 품위를 유지하여야 한

다.

② 세무사는 고의로 진실을 숨기거나 거짓 진술을 하지 못한다.

제12조의2(탈세 상담 등의 금지)

세무사나 그 사무직원은 납세자가 사기나 그 밖의 부정한 방법으로 조세를 포탈(逋脫)하거나 환급 또는 공제받도록 하는 일에 가담하거나 방조하여서는 아니 되며, 이를 상담하거나 그 밖에 이와 비슷한 행위를 하여서는 아니 된다.

제12조의3(명의 대여 등의 금지)

세무사는 다른 사람에게 자기의 성명이나 상호를 사용하여 세무대리를 하도록 하거나 그 자격증이나 등록증을 빌려주어서는 아니 된다.

제12조의4(사무직원)

① 세무사는 직무의 적정한 수행을 보조하기 위하여 사무직원을 둘 수 있다.

② 세무사는 직무를 적정하게 수행하기 위하여 제1항에 따른 사무직원을 지도하고 감독할 책임이 있다.

③ 사무직원의 자격·인원·연수 등에 필요한 사항은 기획재정부령으로 정할 수 있다.

제12조의5(세무사의 교육)

① 세무사 자격이 있는 자가 세무대리를 시작하려면 제6조에 따른 등록을 하기 전에 기획재정부령으로 정하는 바에 따라 6개월 이상의 실무교육을 받아야 한다. 다만, 제5조의2제1항 또는 같은 조 제2항에 따라 시험의 일부를 면제받는 자가 세무사 자격시험에 합격한 경우에는 1개월 이상의 실무교육을 받아야 한다.

② 제6조제1항에 따라 등록한 세무사는 전문성과 윤리의식을 높이기 위하여 매년 8시간 이상의 보수교육을 받아야 한다. 다만, 질병·휴업 등으로 보수교육을 받기에 적당하지 아니한 경우 등 대통령령으로 정하는 사유에 해당하는 경우에는 그러하지 아니하다.

③ 제1항 및 제2항에 따른 교육의 과목·장소·시기 및 이수 방법 등에 필요한 사항은 기획재정부령으로 정한다.

제13조(사무소의 설치)

① 세무사는 세무대리를 하기 위하여 1개의 사무소만을 설치할 수 있다.

② 세무사가 공인회계사·변호사·법무사·변리사·관세사·감정평가사·공인노무사·공인중개사·경영지도사·기술지도사·행정사, 그 밖에 이와 비슷한 자격자로서 대통령령으로 정하는 자격자의 업무에 동시에 종사하는 경우에는 세

무대리만을 위하여 따로 사무소를 설치할 수 없다.

③ 제6조에 따른 등록을 한 자는 개업·휴업·폐업하거나 사무소를 설치·이전 또는 폐지하려면 지체 없이 그 소속협회를 거쳐 기획재정부장관에게 신고하여야 한다.

제14조(장부 작성)

세무사는 업무와 관련한 장부를 작성하여 비치하여야 한다.

제15조(계쟁권리의 양수 금지)

세무사는 계쟁권리(係爭權利)를 양수(讓受)할 수 없다.

제16조(공무원 겸임 또는 영리 업무 종사의 금지)

① 세무사는 공무원을 겸할 수 없다. 다만, 다음 각 호의 어느 하나에 해당하는 경우에는 그러하지 아니하다.

1. 국회의원이나 지방의회의원이 되는 경우

2. 상시 근무를 할 필요가 없는 공무원이 되는 경우

3. 국가·지방자치단체와 그 밖의 공공기관(이하 "공공기관"이라 한다)에서 위촉한 업무를 수행하는 경우

② 세무사는 다음 각 호의 어느 하나에 해당하는 업무 외에는 영리를 목적으로 업무를 경영하는 자의 사용인이 되거나 영리를 목적으로 하는 법인의 업무집행사원·임원 또는 사용인이 될 수 없다.

1. 학교ㆍ학원 등 교육 분야 출강(전임인 경우는 제외한다)

2. 영리법인의 비상근 임원

③　세무사가 휴업하면 제1항과 제2항을 적용하지 아니한다.

제16조의2(손해배상책임의 보장)

세무사(세무법인에 소속된 세무사는 제외한다)는 직무를 수행하면서 고의나 과실로 위임인에게 손해를 입힌 경우 그 손해에 대한 배상책임을 보장하기 위하여 대통령령으로 정하는 바에 따라 보험에 가입하는 등 필요한 조치를 하여야 한다.

제4장의2 세무법인

제16조의3(설립)

①　세무사는 그 직무를 조직적이고 전문적으로 수행하기 위하여 세무법인을 설립할 수 있다.

②　세무법인의 정관에는 다음 각 호의 사항을 적어야 한다.

1. 목적

2. 명칭

3. 주사무소와 분사무소(分事務所)의 소재지

4. 사원 및 이사의 성명ㆍ주민등록번호 및 주소

5. 출자 1좌(座)의 금액

6. 각 사원의 출자좌 수

7. 자본금 총액

8. 결손금 보전(補塡)에 관한 사항

9. 사원총회에 관한 사항

10. 대표이사에 관한 사항

11. 업무에 관한 사항

12. 존립 시기나 해산 사유를 정한 경우에는 그 시기와 사유

제16조의4(세무법인의 등록)

① 세무법인이 그 직무를 수행하려면 대통령령으로 정하는 바에 따라 기획재정부장관에게 등록하여야 한다.

② 제1항에 따른 등록을 하려는 세무법인은 다음 각 호의 요건을 갖추어야 한다.

1. 제16조의5에 따라 사원과 이사 등을 둘 것

2. 제16조의6제1항에 따라 자본금이 2억원 이상일 것

3. 등록신청 서류의 내용이 이 법 또는 이 법에 따른 명령에 위반되지 아니할 것

4. 등록신청 서류에 거짓으로 적은 사항이 없을 것

③ 기획재정부장관은 등록신청을 한 자가 제2항에 따른 요건을 갖추지 아니하면 등록을 거부할 수 있으며, 등록신청 서류에 갖추지 못한 사항이 있는 경우에는 기간을 정하여 보완을 요청할 수 있다.

④ 제1항에 따른 세무법인 등록의 절차와 구비서류 등에 필요한 사항은 대통령령으로 정한다.

제16조의5(사원 및 이사 등)

① 세무법인의 사원은 세무사이어야 하며, 그 수는 3명 이상이어야 한다.

② 세무법인은 3명 이상의 이사를 두어야 한다. 이 경우 다음 각 호의 어느 하나에 해당하는 자는 이사가 될 수 없다.

1. 사원이 아닌 자

2. 제17조에 따라 직무정지 명령을 받은 후 그 직무정지 기간 중에 있는 자

3. 제16조의15제1항에 따라 등록이 취소되거나 업무가 정지된 세무법인의 이사이었던 자(등록취소나 업무정지의 사유가 발생한 때의 이사이었던 자로 한정한다)로서 등록취소 후 3년이 지나지 아니하거나 업무정지 기간 중에 있는 자

③ 세무법인은 이사와 직원 중 5명 이상이 세무사이어야 한다.

④ 제3항에 따른 세무사 중 이사가 아닌 세무사(이하 "소속세무사"라 한다)는 제17조에 따라 직무정지 명령을 받은 후 그 직무정지 기간 중에 있지 아니한 자이어야 한다.

⑤ 세무법인은 대통령령으로 정하는 바에 따라 대표이사를 두어야 한다.

⑥ 세무법인의 사원이 다음 각 호의 어느 하나에 해당하게 되

면 당연히 그 법인에서 탈퇴된다.

1. 제7조에 따라 등록이 취소된 경우

2. 정관으로 정한 사유가 발생한 경우

3. 사원총회의 결의가 있는 경우

제16조의6(자본금 등)

① 세무법인의 자본금은 2억원 이상이어야 한다.

② 세무법인은 직전 사업연도 말 대차대조표의 자산총액에서 부채총액을 뺀 금액이 제1항의 자본금에 미달하면 미달한 금액을 매 사업연도가 끝난 후 6개월 이내에 사원의 증여로 보전하거나 증자(增資)하여야 한다.

③ 제2항에 따라 증여한 경우에는 이를 특별이익으로 계상(計上)한다.

④ 기획재정부장관은 세무법인이 제2항에 따른 보전이나 증자를 하지 아니한 경우에는 기간을 정하여 미달한 금액을 보전하거나 증자할 것을 명할 수 있다.

제16조의7(손해배상준비금 등)

① 세무법인은 그 직무를 수행하다가 위임인에게 손해를 입힌 경우 그 손해에 대한 배상책임을 보장하기 위하여 대통령령으로 정하는 바에 따라 사업연도마다 손해배상준비금을 적립하거나 손해배상책임보험에 가입하여야 한다.

② 제1항에 따른 손해배상준비금 또는 손해배상책임보험은 기획재정부장관의 승인 없이는 손해배상 외의 다른 용도로 사용하여서는 아니 되며 그 보험계약을 해제하거나 해지하여서는 아니 된다.

제16조의8(다른 법인에의 출자 제한 등)

① 세무법인은 자기자본에 대통령령으로 정하는 비율을 곱한 금액을 초과하여 다른 법인에 출자하거나 다른 사람을 위한 채무보증을 하여서는 아니 된다.

② 제1항의 자기자본은 직전 사업연도 말 대차대조표의 자산총액에서 부채총액(손해배상준비금은 제외한다)을 뺀 금액을 말한다.

제16조의9(명칭)

① 세무법인은 그 명칭에 세무법인이라는 문자를 사용하여야 한다.

② 제16조의4제1항에 따라 등록한 세무법인이 아닌 자는 세무법인이나 이와 비슷한 명칭을 사용하지 못한다.

제16조의10(사무소)

① 세무법인은 대통령령으로 정하는 바에 따라 주사무소 외에 분사무소를 둘 수 있다.

② 세무법인의 이사와 소속세무사는 소속된 세무법인 외에 따로 사무소를 둘 수 없다.

제16조의11(업무 수행의 방법)

① 세무법인은 법인의 명의로 업무를 수행하며, 업무를 수행할 때에는 그 업무를 담당할 세무사를 지정하여야 한다. 다만, 소속세무사를 지정하는 경우에는 그 소속세무사와 함께 이사를 공동으로 지정하여야 한다.

② 제1항에 따라 지정된 이사 또는 소속세무사는 지정된 업무를 수행할 때 각자 그 세무법인을 대표한다.

③ 세무법인이 그 업무에 관하여 작성하는 문서에는 법인의 명의를 표시하고, 그 업무를 담당하는 세무사가 기명날인하여야 한다.

제16조의12(경업의 금지)

① 세무법인의 이사 또는 소속세무사는 자기나 제3자를 위하여 그 세무법인의 업무 범위에 속하는 업무를 수행하거나 다른 세무법인의 이사 또는 소속세무사가 되어서는 아니 된다.

② 세무법인의 이사 또는 소속세무사이었던 자는 그 세무법인에 소속한 기간 중에 그 세무법인이 수행하거나 수행을 승낙한 업무에 관하여는 퇴직 후 세무사의 업무를 수행할 수 없다. 다만, 그 세무법인이 동의하면 그러하지 아니하다.

제16조의13(해산)

① 세무법인은 다음 각 호의 어느 하나에 해당하는 사유로 해 산된다.

   1. 정관으로 정한 사유의 발생

   2. 사원총회의 결의

   3. 합병

   4. 등록취소

   5. 파산

   6. 법원의 명령 또는 판결

② 세무법인은 제1항 각 호(제4호의 등록취소는 제외한다)의 해산 사 유가 발생한 때에는 그 사실을 기획재정부장관에게 알려야 한다.

③ 세무법인은 제1항 각 호(제3호의 합병은 제외한다)의 해산 사유 로 해산하는 경우 제16조의7제1항에 따라 적립한 손해배상 준비금의 금액(해산 직전 사업연도 말 대차대조표상의 금액을 말한다)에 해당하는 금액을 제18조에 따라 설립된 한국세무사회에 따 로 예치하여야 한다.

④ 제3항에 따른 예치금의 관리와 운영에 필요한 사항은 대통 령령으로 정한다.

제16조의14(정관 변경의 신고)

세무법인은 제16조의3제2항에 따른 정관의 기재 사항 중 다

음 각 호의 사항을 변경하면 지체 없이 기획재정부장관에게 신고
하여야 한다.

    1. 목적

    2. 명칭

    3. 주사무소와 분사무소의 소재지

    4. 사원 및 이사의 성명과 주민등록번호

    5. 자본금 총액(자본금이 감소한 경우만을 말한다)

    6. 대표이사에 관한 사항

    7. 업무에 관한 사항

제16조의15(등록취소 등)

①   기획재정부장관은 세무법인이 다음 각 호의 어느 하나에 해
당하는 경우에는 그 등록을 취소하거나 1년 이내의 기간을
정하여 세무대리의 전부 또는 일부의 업무정지를 명할 수
있다. 다만, 제1호부터 제3호까지의 어느 하나에 해당하는
경우에는 그 등록을 취소하여야 한다.

    1. 거짓이나 그 밖의 부정한 방법으로 제16조의4제1항에 따
른 등록을 한 경우

    2. 제16조의5제1항부터 제3항까지 또는 제16조의6제1항에
따른 요건을 충족하지 못하게 된 세무법인이 6개월 이내
에 이를 보완하지 아니한 경우

    3. 업무정지 명령을 위반하여 업무를 수행한 경우

4. 제16조의6제4항에 따른 기획재정부장관의 보전명령 또는 증자명령을 이행하지 아니한 경우

5. 제16조의5제4항·제5항, 제16조의7, 제16조의8, 제16조의9제1항, 제16조의11 또는 제16조의14를 위반하거나 제16조의16제1항에 따라 준용되는 제11조, 제12조, 제12조의2부터 제12조의4까지, 제14조 및 제15조를 위반한 경우

② 기획재정부장관은 제1항에 따라 세무법인의 등록을 취소하려면 청문을 실시하여야 한다.

제16조의16(세무법인에 관한 준용)

① 세무법인에 관하여는 제10조부터 제12조까지, 제12조의2부터 제12조의4까지, 제14조, 제15조 및 제17조제4항(세무법인이 제16조의15제1항제1호에 해당하는 경우는 제외한다)을 준용한다. 이 경우 "세무사"는 "세무법인"으로 보고, 제17조제4항 중 "징계"는 "등록취소 및 업무정지"로 본다.

② 세무법인에 관하여 이 법에 규정되지 아니한 사항은 「상법」 중 유한회사에 관한 규정을 준용한다.

제6장 한국세무사회

제18조(설립과 감독)

① 세무사의 품위 향상과 직무의 개선·발전을 도모하고, 세무사에 대한 지도 및 감독에 관한 사무를 하도록 하기 위하여 한국세무사회를 둔다.

② 한국세무사회는 법인으로 하며, 세무사는 그 회원이 되어야 한다.

③ 한국세무사회는 회칙을 정하여 기획재정부장관의 인가를 받아 설립하여야 한다.

④ 한국세무사회의 회칙을 개정하려는 경우에는 대통령령으로 정하는 바에 따라 기획재정부장관의 승인을 받아야 한다.

⑤ 한국세무사회의 설립 및 운영 등에 필요한 사항과 한국세무사회의 회칙에 포함할 사항은 대통령령으로 정한다.

제18조의2(회원에 대한 연수 등)

① 한국세무사회는 다음 각 호의 자에게 연수를 실시하고 회원의 자체적인 연수활동을 지도·감독한다.

1. 회원

2. 제12조의4에 따른 사무직원 등

② 제1항에 따른 연수를 실시하기 위하여 한국세무사회에 세무연수원을 둔다.

③ 제1항에 따른 연수와 감독에 필요한 사항은 한국세무사회가 기획재정부장관의 승인을 받아 정한다.

제18조의3(업무의 위촉 등)

① 공공기관은 제2조에 따른 세무사의 직무에 속한 사항에 관하여 한국세무사회에 업무를 위촉하거나 자문할 수 있다.

② 한국세무사회는 제1항에 따라 위촉 또는 자문을 받은 경우 그 업무를 회원으로 하여금 수행하게 할 수 있다.

제19조(회원의 제명)

한국세무사회는 세무사의 품위를 떨어뜨리는 회원이나 한국세무사회의 회칙을 위반하는 회원이 있으면 기획재정부장관의 승인을 받아 제명할 수 있다.

제6장의2 외국세무자문사 및 외국세무법인

제19조의2(정의)

이 장에서 사용하는 용어의 뜻은 다음과 같다.

1. "외국세무자문사"란 원자격국의 세무전문가로서 제19조의3에 따라 기획재정부장관으로부터 외국세무자문사 자격승인을 받은 사람을 말한다.

2. "개인 외국세무자문사무소"란 외국세무자문사가 국내에서 제19조의7에 따른 업무를 수행하기 위하여 개설하는 사무소를 말한다.

3. "외국세무법인"이란 대한민국 외의 국가에서 그 나라의 법령에 따라 설립되고 그 본점 사무소가 그 나라에 있는 세무법인 또는 이에 준하는 단체를 말한다.

4. "법인 외국세무자문사무소"란 외국세무법인이 국내에서 제19조의7에 따른 업무를 수행하기 위하여 개설하는 사무소를 말한다.

5. "조약등"이란 자유무역협정이나 그 밖에 대한민국이 외국(국가연합, 경제공동체 등 국가의 연합체를 포함한다)과 각 당사국에서의 제19조의7에 따른 외국세무업무에 관한 협약을 체결하고 효력이 발생한 모든 합의를 말한다.

6. "원자격국"(原資格國)이란 조약등의 당사국으로서 외국세무자문사가 세무전문가의 자격을 취득한 대통령령으로 정하는 국가를 말한다. 다만, 한 국가 내에서 지역적으로 한정된 자격을 부여하는 여러 개의 주 · 성(省) · 자치구 등이 있는 경우에는 그 국가의 법률에 따라 그 자격이 통용되는 주 · 성 · 자치구 등의 전부를 원자격국으로 본다.

제19조의3(외국세무자문사 자격승인)

① 원자격국의 세무전문가로서 외국세무자문사가 되려는 사람은 기획재정부장관으로부터 외국세무자문사의 자격승인을 받아야 한다.

② 제1항에 따라 외국세무자문사의 자격승인을 받으려는 사람

(이하 "자격승인 신청인"이라 한다)은 기획재정부장관에게 다음 각 호의 서류를 첨부한 신청서를 제출하여야 한다.

1. 원자격국에서 세무전문가의 자격을 취득하였음을 증명하는 서류

2. 원자격국에서 3년 이상 세무전문가의 업무에 종사한 경력이 있는 자임을 증명하는 서류

3. 제4조에 따른 세무사의 결격사유가 없으며, 성실하고 적정하게 직무를 수행할 의사와 능력이 있음을 서약하는 서류

4. 대한민국에 서류 등을 송달받을 장소가 있음을 증명하는 서류

③ 제2항에 따른 첨부서류는 원본 또는 인증된 사본이어야 하고, 한글로 작성되지 아니한 경우에는 공증된 한글 번역본을 첨부하여야 한다.

④ 원자격국의 세무전문가의 구체적 범위는 대통령령으로 정한다.

⑤ 자격승인 신청서의 작성 및 제출에 관한 사항은 기획재정부령으로 정한다.

제19조의4(외국세무자문사 자격증 교부 등)

① 기획재정부장관은 자격승인 신청인이 제19조의3에 따른 서류를 제출하면 서류의 내용을 확인하여 이상이 없는 경우

자격승인 신청인에게 외국세무자문사 자격증을 교부한다.

② 기획재정부장관은 자격승인 신청인의 자격승인을 거절하는 경우에는 지체 없이 그 취지와 사유를 자격승인 신청인에게 알려야 한다.

제19조의5(외국세무자문사의 등록)

① 외국세무자문사가 제19조의7에 따른 업무를 수행하려면 기획재정부에 비치하는 외국세무자문사등록부에 등록하여야 한다.

② 제1항에 따라 등록한 외국세무자문사는 그 등록사항이 변경된 경우에는 대통령령으로 정하는 바에 따라 기획재정부장관에게 신고하여야 한다.

③ 제1항에 따른 등록의 절차, 첨부서류 등에 필요한 사항은 대통령령으로 정한다.

제19조의6(외국세무자문사의 등록취소)

① 기획재정부장관은 외국세무자문사가 다음 각 호의 어느 하나에 해당하는 경우에는 그 등록을 취소하여야 한다.

1. 원자격국에서 세무전문가로서 유효한 자격을 상실하거나 그 자격이 정지된 경우

2. 제4조의 결격사유에 해당하는 경우(원자격국의 법령에 따라 제4조의 결격사유에 해당하는 경우를 포함한다)

3. 등록신청서의 기재 내용 또는 그 첨부서류의 중요한 부분
   이 거짓인 경우

4. 폐업신고를 한 경우

5. 사망한 경우

② 기획재정부장관은 제1항에 따라 등록을 취소한 경우에는 그
   사유를 명시하여 외국세무자문사에게 알려야 한다.

제19조의7(업무범위)

외국세무자문사는 납세자 등의 위임을 받아 다음 각 호의
업무를 수행한다.

   1. 원자격국의 조세법령과 조세제도에 관한 상담 또는 자문

   2. 대통령령으로 정하는 국제조세에 관한 상담 또는 자문

제19조의8(외국세무자문사의 업무수행 방식)

제19조의5에 따라 등록을 마친 외국세무자문사는 다음 각
호의 어느 하나의 방식으로만 제19조의7에 따른 업무를 수행할
수 있다.

   1. 1개의 개인 외국세무자문사무소를 개설하여 업무를 수행

   2. 개인 외국세무자문사무소의 외국세무자문사로 고용되어
      업무를 수행

   3. 법인 외국세무자문사무소에 소속되거나 고용되어 업무를
      수행

4. 제16조의3에 따라 설립된 세무법인의 외국세무자문사로
   고용되어 업무를 수행

제19조의9(법인 외국세무자문사무소의 등록 등)

① 외국세무법인이 법인 외국세무자문사무소를 개설하여 제19
  조의7에 따른 업무를 수행하려면 대통령령으로 정하는 바에
  따라 기획재정부장관에게 등록하여야 한다.

② 제1항에 따라 등록한 외국세무법인은 그 등록사항이 변경된
  경우에는 대통령령으로 정하는 바에 따라 기획재정부장관
  에게 신고하여야 한다.

③ 제1항에 따른 등록요건, 첨부서류 및 등록절차 등에 필요한
  사항은 대통령령으로 정한다. 제19조의10(법인 외국세무자문사
  무소의 등록취소) 기획재정부장관은 제19조의9에 따라 등록한
  법인 외국세무자문사무소가 다음 각 호의 어느 하나에 해당
  하는 경우에는 그 등록을 취소하거나 1년 이내의 기간을 정
  하여 업무의 전부 또는 일부정지를 명할 수 있다. 다만, 제1
  호 또는 제2호에 해당하는 경우에는 그 등록을 취소하여야
  한다.

  1. 원자격국에서 외국세무법인의 등록이 취소되거나 업무정
     지처분을 받은 경우
  2. 등록신청서 또는 그 첨부서류의 중요한 부분이 거짓인 경우
  3. 제19조의7, 제19조의11제3항, 제19조의12, 제19조의13,

제19조의14에 따라 준용되는 제12조, 제12조의2부터 제12조의4까지, 제14조, 제15조, 제16조의7 및 제16조의11을 위반한 경우

제19조의12(외국세무자문사 등의 의무)

① 외국세무자문사와 외국세무자문사이었던 자 또는 그 사무직원과 사무직원이었던 자는 다른 법령에 특별한 규정이 없으면 직무상 알게 된 비밀을 누설하여서는 아니 된다.

② 외국세무자문사는 다음 각 호의 경우를 제외하고는 1년에 180일 이상 대한민국에 체류하여야 한다. 다만, 외국세무자문사가 본인 또는 친족의 상병(傷病)이나 그 밖의 부득이한 사유로 외국에 체류한 기간은 대한민국에 체류한 기간으로 본다.

1. 개인 외국세무자문사무소에 고용된 경우

2. 법인 외국세무자문사무소에 고용된 경우

3. 제16조의3에 따라 설립된 세무법인에 고용된 경우

③ 외국세무자문사 및 법인 외국세무자문사무소는 원자격국에서 세무전문가의 자격이 취소되거나 외국세무법인의 등록이 취소된 경우 또는 업무정지처분을 받은 경우에는 지체 없이 기획재정부장관에게 신고하여야 한다.

④ 외국세무자문사 및 법인 외국세무자문사무소는 개업 · 휴업 · 폐업하거나 사무소를 설치 · 이전 · 폐지하는 때에는 지

체 없이 기획재정부장관에게 신고하여야 한다.

제19조의13(고용 · 동업 등의 금지)

① 　외국세무자문사 및 법인 외국세무자문사무소는 제6조제1항
　　에 따라 등록한 세무사를 고용할 수 없다.

② 　외국세무자문사 및 법인 외국세무자문사무소는 세무사 또
　　는 세무법인과 제19조의7에 따른 업무를 공동으로 수임하
　　거나 처리할 수 없고, 그로부터 얻은 보수 또는 수익을 분배
　　하여서는 아니 된다.

제19조의14(준용규정)

　　외국세무자문사 또는 법인 외국세무자문사무소에 관하여
는 제6조제2항 · 제3항제1호 및 제4항, 제12조, 제12조의2부터 제
12조의4까지, 제13조제1항, 제14조, 제15조, 제16조의2, 제16조의
4제2항제2호 및 제3호, 제16조의4제3항, 제16조의7, 제16조의10,
제16조의11, 제16조의13, 제16조의15제2항, 제17조, 제18조제2
항, 제19조, 제20조 및 제24조를 준용한다.

제7장 보칙

제20조(업무의 제한 등)

① 제6조에 따른 등록을 한 자가 아니면 세무대리를 할 수 없다. 다만, 「변호사법」 제3조에 따라 변호사의 직무로서 행하는 경우와 제20조의2제1항에 따라 등록한 경우에는 그러하지 아니하다.

② 제6조에 따라 등록을 한 자 외에는 세무사나 이와 비슷한 명칭을 사용할 수 없다.

③ 제1항에 따라 세무대리를 할 수 없는 자는 세무대리 업무를 취급한다는 뜻을 표시하거나 광고를 하여서는 아니 된다. 다만, 다른 법률에서 정한 자의 업무범위에 포함된 경우에는 그러하지 아니하다.

제20조의2(다른 법률에 따른 세무대리)

① 「공인회계사법」에 따라 등록한 공인회계사가 세무대리를 시작하려면 기획재정부에 비치하는 세무대리업무등록부에 등록하여야 한다.

② 제1항에 따라 세무대리를 하는 자에 대하여는 제1조의2, 제4조, 제9조부터 제12조까지, 제12조의2부터 제12조의4까지, 제13조부터 제16조까지, 제16조의2, 제17조(같은 조 제1항제2호는 제외한다) 및 제8장을 준용한다. 이 경우 해당 조문 중 "세무사"는 "공인회계사"로, "제6조"는 "제20조의2제1항"으로 본다.

③ 제1항의 등록에 관하여는 제6조부터 제8조까지의 규정을

준용한다.

제20조의3(권한의 위임 및 업무의 위탁)

① 이 법에 따른 기획재정부장관의 권한은 그 일부를 대통령령으로 정하는 바에 따라 국세청장에게 위임할 수 있다.

② 제5조에 따른 세무사 자격시험에 관한 기획재정부장관의 업무는 대통령령으로 정하는 바에 따라 자격검정 등을 목적으로 설립된 법인에 위탁할 수 있다.

③ 제6조부터 제8조까지의 규정에 따른 세무사등록에 관한 기획재정부장관의 업무 중 다음 각 호에 해당하는 자의 세무사등록에 관한 업무는 대통령령으로 정하는 바에 따라 한국세무사회에 위탁할 수 있다.

1. 제5조에 따른 세무사 자격시험에 합격하여 세무사의 자격이 있는 자

2. 법률 제2358호 세무사법중개정법률 부칙 제2항에 따라 세무사의 자격이 있는 자

3. 법률 제6080호 세무사법중개정법률 부칙 제3항(법률 제6837호 세무사법중개정법률에 따라 개정된 것을 말한다)에 따라 세무사의 자격이 있는 자

제 1 장 총 칙

제1조(명칭)

본회는 세무사법에 의하여 설립된 법인으로서 한국세무사회라 한다.

제2조(조직)

① 본회는 세무사법에 의하여 기획재정부에 등록하고 본회에 입회한 세무사로서 조직한다.

② 본회는 필요에 따라 산하에 지방국세청 단위로 지회인 지방세무사회(이하 "지방세무사회"라 한다)를 둘 수 있으며, 지방세무사회 밑에 분회 및 세무서별로 지역세무사회를 둘 수 있다.

③ 지방세무사회·분회 및 지역세무사회의 설치·운영 등에 관하여는 회규로 정한다.

제3조(목적 및 사업)

① 본회는 공공성을 지닌 독립된 조세전문가로서 납세자의 권익을 보호하고 납세의무의 성실한 이행에 이바지하는 세무사의 사명과 직무에 따라 세무사의 품위를 향상하고 업무의 개선을 도모하며 복지의 증진에 기함을 목적으로 한다.

② 본회는 제1항의 목적을 달성하기 위하여 다음의 사업을 한다.

1. 세무사 직무의 지도와 감독
2. 세무사 및 그 사무직원에 대한 연수교육
3. 회원의 업무에 대한 감리
4. 조세구조 및 세정 협력
5. 납세자에 대한 조세상담 및 홍보
6. 조세제도 및 세무사제도에 관한 조사연구와 건의
7. 조세이론 및 관련학술의 학리(學理)와 실무의 조사연구
8. 조세에 관한 강습회와 강연회의 개최
9. 회보와 도서 및 직무관련자료 출판사업
10. 회원에 대한 공제복지사업 및 상조사업
11. 손해배상공제사업
12. 외국 및 국제조세단체와의 협력과 교류
13. 일반인에 대한 세무·회계 등 교육과 위탁연수교육 실시
14. 세무회계관련정보의 인터넷제공사업
15. 전산세무회계·세무회계교육 및 능력검정사업
16. 국가·지방자치단체·공공기관이 위촉하는 사업
17. 사회공헌 및 공익사업
18. 기업경영연구 및 기업진단 관련 사업
19. 회원에 대한 신용공여 사업

20. 사회보험관련 신고대행 사업

21. 기타 필요한 사업

제4조(사무소의 소재지)

본회의 사무소는 서울특별시에 두고, 지방세무사회의 사무소는 지방국세청 소재지에 둔다.

제 2 장 회 원

제5조(입회)

① 세무사법 제6조의 규정에 의하여 등록을 한 세무사는 등록과 동시에 동법 제18조 제1항의 규정에 의하여 본회에 입회하여야 한다.

② 세무사법 제3조 제2호 및 제3호에 해당하는 자로서 동법 제6조에 의하여 등록한 세무사는 본인의 원에 의하여 본회에 입회할 수 있다.

③ 제1항 및 제2항에 의하여 본회의 회원이 되는 자는 본회 소정의 입회 신청서에 구비서류를 첨부하여 입회금 등과 함께 회장에게 제출하여야 한다.

④ 입회와 관련한 절차 및 서식 등에 관하여 필요한 사항은 회규로 정한다.

제9조(세무법인의 설립신청)

회원이 세무법인을 설립하고자 할 때에는 세무법인등록신청서 및 소정의 구비서류를 본회를 거쳐 기획재정부장관에게 제출하여야 한다.

제10조(회원의 기본적 의무)

회원은 다음의 의무를 진다.

1. 회원은 세무사의 직무를 신의에 쫓아 성실히 수행하여야 하며, 그 품위를 유지하고 법령·회칙 및 제반회규를 준수하여야 한다.
2. 회원은 회규의 정한 바에 따라 회비를 납부할 의무가 있다.
3. 회원은 본회가 실시하는 보수교육을 받아야 한다.
4. 회원은 본회가 법령·회칙 및 기타 회규에 의거하여 정한 사항을 정당한 사유없이 이를 거부하지 못한다.

제10조의2(손해배상책임의 보장)

① 회원(세무법인에 소속된 회원은 제외한다)은 세무사법시행령 제33조의4에 규정한 손해배상책임의 보장을 위하여 세무사등록 후 15일 이내에 다음 각 호의 1에 해당하는 조치를 이행하고 이를 증명하는 서류를 회장에게 제출하여야 한다.

1. 보험에 가입

2. 본회가 운영하는 손해배상공제사업에의 가입

3. 세무사사무소 소재지를 관할하는 공탁기관에의 현금 또는 국공채의 공탁

② 제1항 제2호의 손해배상공제사업에 관하여 기타 필요한 사항은 회규로 정한다.

제10조의3(회원의 보수교육)

① 본회는 회원이 세무대리업무를 수행함에 필요한 보수교육을 실시하여야 한다.

② 제1항의 보수교육을 실시하고자 할 때에는 보수교육 실시 7일전까지 그 사실을 교육대상자에게 알려야 한다.

③ 회원의 보수교육 실시에 관하여 필요한 사항은 회규로 정할 수 있다.

5 세무사 실무교육 규정

제1조(목적)

이 규정은 세무사법 제12조의5 제1항의 규정에 의한 실무교육(이하 "실무교육"이라 한다)에 필요한 세부사항을 규정하여 세무사로서의 인격도야와 세무사개업에 필요한 실무능력의 향상을 도모함을 목적으로 한다.

제2조(적용)

실무교육에 관하여는 세무사법, 동법시행령및 동법시행규칙에 규정된 사항 이외에는 이 규정에 의한다.

제3조(교육대상)

이 규정을 적용할 실무교육 대상자는 다음 각 호의 자로서 제8조의 규정에 의하여 실무교육신청을 한 자를 말한다.

1. 세무사법 제12조의5제1항에 해당한 자(이하 "수습세무사"라 한다)
2. 세무사법 제5조의2에 의해 세무사자격시험에 합격한 자와 법률 제6080호 부칙 제3항의 규정에 의하여 세무사의 자격을 가지는 자(이하 "국세경력세무사"라 한다)

제4조(교육의 구분)

실무교육은 연수기관에 의한 교육(이하 "기본교육"이라 한다)과 국세청등에 의한 위탁교육 및 실무지도세무사에 의한 교육(이하 "특별교육"이라 한다)으로 구분한다

제5조(교육의 범위)

1. 세무사의 소양교육
2. 국세 및 지방세에 관한 교육
3. 회계 및 세무회계에 관한 교육

4. 국제조세에 관한 교육

5. 기타 필요하다고 인정되는 사항에 관한 교육

제6조(교육의 기간)

수습세무사 및 국세경력세무사의 실무교육기간은 6월(국세
경력세무사의 경우에는 1월)로 하며, 기본교육과정과 특별교육과
정의 기간은 회장이 정한다.

제9조(연수기관의 지정 및 지도세무사의 위촉)

1. 회장은 실무교육신청을 받았을 때에는 실무연수기관 및
   실무지도 세무사를 지정하여야 한다.
2. 실무연수기관은 한국세무연수원으로 함을 원칙으로 한
   다.
3. 실무지도 세무사는 제10조에 의하여 선정된 세무사 중에
   서 회장이 위촉한다.

다만, 다음 각 호의 세무사는 실무지도 세무사가 될 수 없다.

- 2년 이내의 기간에 직무정지 이상의 징계처분을 받은
  세무사
- 회장이 실무지도 세무사로 위촉하기가 어렵다고 판단
  할 때

4. 제1항의 규정에 의하여 실무지도 세무사를 지정할 때에
   는 별지 제2호 서식의 위촉서에 의한 교육 위촉을 하여야

하며 신청인에게는 별지 제3호 서식의 지시서에 의한 교
육지시를 하여야 한다.

5. 실무지도 세무사는 제규정을 성실히 준수하면서 특별교
육을 시켜야 하며 교육의 출결사항과 교육태도 등을 면
밀히 분석하여 교육종료 시 객관적인 평점을 하며, 제17
조의 일지작성 제출을 확인할 의무가 있다.

제12조(교육의 시간)

수습세무사 및 국세경력세무사는 월 80시간 이상 실무교육
을 받아야 한다. 다만, 특별교육은 주 20시간 이상을 받아야 한다.

제13조(특별교육 등의 변경)

실무지도세무사 및 수습세무사가 다음 각 호의 1에 해당하
는 사유가 발생하여 특별 교육을 계속할 수 없을 경우에는 실무지
도세무사는 지체 없이 그 사실을 회장에게 증빙자료를 첨부, 보고
하여야 하며, 회장은 제9조의 규정을 준용하여 즉시 변경 시행하
여야 한다.

1. 실무지도세무사가 폐업, 휴업한 때
2. 징계에 의한 실무지도세무사의 등록취소, 직무정지 등의
   처분을 받은 때
3. 수습세무사가 타지방으로 주거를 이전하여 교육을 받을
   수 없을 때

4. 기타 특별한 사유로 변경이 불가피한 때

제14조(교육의 연기)

1. 수습세무사가 군복무, 질병 등 기타 부득이한 사유로 실무교육을 받지 못하거나 중지하고자 할 경우에는 그 사유를 증빙하는 서류를 구비하여 실무교육 연기신청서를 제출하여 회장의 승인을 받아야한다.
2. 제1항의 사유로 실무교육을 연기한 때에는 이미 이수한 기본교육 및 그 기간에 한하여 효력을 상실하지 아니한다.

제14조의 2(교육평가 및 보충교육)

1. 수습세무사에 대한 교육의 평가는 다음 각 호에 의한다.

   ▪ 기본교육

   가. 평가시험 60점

   나. 출석률 40점

   ▪ 특별교육

   가. 실무지도세무사 평가 60점

   나. 출석률 40점

2. 제1항 제1호 및 제2호의 교육과정을 이수하고 각호별 합계총점이 60점 미달일 경우에는 보충교육에 의하여 이수할 수 있다. 단, 보충교육기간은 제6조의 교육기간에 포

함하지 아니한다.

3. 보충교육은 회장이 지정한 장소에서 이수하여야 하며 보충교육이수까지 실무교육을 이수하지 아니한 것으로 간주한다.

제17조(특별교육의 일지작성과 출결보고)

1. 특별교육을 받고 있는 수습세무사는 별지 제4호 서식에 의한 출결 및 실무교육 이수보고서를 매월 말에 작성하여 실무지도 세무사의 확인을 받은 후, 매 익월 10일까지 회장에게 제출하여야 한다.

다만, 종료 월의 이수보고서는 실무교육 종료보고서와 함께 제출하여야 한다.

2. 전항의 기일 내에 실무교육 일지를 제출하지 않을 경우에는 그 기간의 특별교육을 이수하지 아니한 것으로 간주한다.

제19조(실무교육의 감독)

1. 회장은 실무교육 시 기본교육과 특별교육에 관한 필요한 사항에 대하여 수시로 감독하여야 하며 수습세무사의 품행 및 성적이 극히 불량하여 교육을 지속할 수 없다고 인정할 때에는 교육을 중지시킬 수 있다.

2. 제1항의 규정에 의거 교육이 중지된 때에는 이미 교육받

은 기간의 효력은 상실한다.

6 한국세무사회 윤리규정

제1조(목적)

이 규정은 회원의 직업윤리관을 확립하고 전문직업인으로서의 품위와 회의 질서를 유지토록 하기 위하여 회칙제40조의 규정에 의하여 회원의 윤리에 관한 사항의 심의와 그 처분을 규정함을 목적으로 한다.

제2조(윤리강령)

회원은 다음의 세무사윤리강령을 사무소내에 게시하고 세무사의 기본윤리관으로 삼아야 한다.

- 세무사윤리강령
一. 세무사는 납세자의 권익보호와 건전한 납세풍토조성에 최선을 다한다.
一. 세무사는 성실공정한 직무수행으로 그 품위를 유지한다.
一. 세무사는 직무상알게된 비밀을 누설하지 아니한다.

제3조(징계사유)

회칙 제46조 제1항에 해당하는 경우의 예시는 다음과 같다.

1. 본회의 명예를 훼손하게 하는 행위

2. 본회의 질서를 문란하게 하는 행위

3. 타회원의 명예를 훼손하게 하는 행위

4. 회원의 품위유지와 성실의무를 위반하는 행위

5. 고의로 진실을 은폐하는 행위

6. 회원이 사업자등록증의 발급을 위임한 납세자가 위장사업 또는 자료상의 혐의가 있음을 알고도 고의로 사실과 다르게 기재하여 그 발급을 대행한 경우

7. 부당 또는 부정한 방법에 의하여 직접간접으로 업무의 위촉을 간청, 권유, 강요 또는 유인하는 행위

    가. 사건소개 상습자 및 사건전담자에게 일정한 보수 또는 그 밖의 이익을 제공하거나 제공하기로 약속하는 법에 의한 수임행위

    나. 사무직원으로 하여금 전에 근무하던 세무사가 수임하고 있는 업무에 대하여 수임하도록 지시하거나 방조 또는 방임하는 행위. 단, 전 근무 세무사가 승낙하거나, 수임거래처가 자발적으로 수임계약을 해지한 경우는 제외함

    다. 관공서 또는 권력자를 통하여 간청 또는 유인의 방법으로 업무를 수임하는 행위

    라. 납세자의 비위 또는 약점을 이용하여 업무의 수임을

강요 또는 유인하는 행위

8. 타회원의 고용원을 부당하게 채용하는 행위

9. 세무사사무소설치운영규정 제10조 사무직원의 결격사유에 해당하는 자를 채용하는 행위

10. 타회원의 사무소에서 부정행위에 의하여 해고되었던 사실을 알면서도 그 종업원을 채용하거나 법에 의하여 처벌받은 자를 채용하는 다음 각 목의 행위

　　가. 세무사사무소설치운영규정 제10조에 의한 사무직원 및 사무장의 결격사유가 있는 자를 채용하는 행위

　　나. 회원으로 하여금 이 규정에 의하여 처벌을 받거나 받게 할 중대한 영향을 미치는 행위를 한 자 등을 채용하는 행위

11. 회원이 회비납부독촉을 받고도 이를 납부하지 아니하는 행위

12. 윤리위원, 업무정화조사위원 또는 감리위원이 자기가 조사한 사실을 당해 위원장에게 보고하지 아니하거나 왜곡하여 보고한 경우 또는 조사로 인하여 취득한 비밀을 정당한 사유없이 타인에게 누설한 행위

13. 제12호 각 위원회의 조사를 고의로 방해하거나 기피하는 행위

14. 회원이 자기업무에 관하여 장부를 작성하여 비치하지 않는 행위

15. 세무사법 제12조의5 제2항에 따라 매년 8시간 이상의 보수교육을 정당한 사유 없이 받지 않은 행위

16. 회원이 납세자와 결탁하여 사기 기타 부정한 방법으로 조세의 포탈, 감소 및 환급받게 하거나 과세자료를 허위로 작성한 행위

17. 회원이 자기사무소에서 수임처 또는 타사업자의 계산서, 세금계산서 및 영수증을 대리작성한 행위

18. 세무조정 및 성실신고 감리규정 제31조에 해당하는 행위

19. 회원이 표찰, 간판, 신문, 잡지 및 기타 광고매체에 게재하는 광고, 선전문서(인사장 포함) 등을 작성함에 있어서 세무사의 품위를 실추케 하거나 타인으로 하여금 오신케하는 다음 각 목의 행위

　가. 세무사의 업무에 관하여 거짓된 내용을 표시하는 행위

　나. 객관적 사실을 과장하거나 사실의 일부를 누락하는 등 소비자를 오도하거나 소비자에게 오해를 불러일으킬 우려가 있는 내용을 표시하는 행위

　다. 소비자에게 업무수행 결과에 대하여 부당한 기대를 가지도록 하는 내용을 표시하는 행위

　라. 다른 세무사 등을 비방하거나 자신의 입장에서 비교하는 내용을 표시하는 행위

마. 부정한 방법을 제시하는 등 세무사의 품위를 훼손할 우려가 있는 내용을 표시하는 행위

바. 세무사나 그 사무직원이 수임을 위하여 국세 공무원과의 연고 등 관계를 드러내며 영향력을 미칠 수 있는 것으로 내용을 표시하는 행위

사. 그 밖에 광고의 방법 또는 내용이 세무사의 공공성이나 공정한 수임 질서를 해치거나 소비자에게 피해를 줄 우려가 있는 것으로서 한국세무사회가 정하는 광고 등

20. 세무사사무소설치운영규정 제5조의 시설기준에 미달하거나 2개소 이상의 사무소를 설치하는 다음 각 목의 행위

가. 본회에 세무법인의 분사무소 설치를 신고하지 아니하고 분사무소를 설치하는 행위

나. 본사무소와 분사무소 이외의 장소에서 세무상담소(연락사무소 포함)를 설치하는 행위

다. 세무법인의 이사와 소속된 세무사가 소속된 세무법인 외에 따로 사무소를 설치하는 행위

라. 세무법인의 분사무소에 1인 이상의 이사인 세무사가 상근하지 않는 행위

마. 세무법인이 영업을 목적으로 분사무소를 설치하고, 업무 수행을 해당 분사무소의 이사인 세무사로 지정하지 않거나 해당 분사무소 외에서 주로 수행하는 경우

바. 전 "가"부터 "마"까지와 유사한 사무소를 설치 운영하는 행위

21. 휴업중에 직무를 수행하는 다음 각목의 행위

　가. 본회에 휴업신고서를 또는 폐업신고서를 제출하였던 자가 회칙 제7조의 규정에 의한 개업신고서 등을 제출하지 아니하고 세무사업무를 수행하는 행위

　나. 정직처분을 받은 자가 정직기간중에 또는 등록취소를 받은 자가 계속하여 회칙 제13조의 직무를 수행하는 행위

22. 세무사의 명의를 대여하는 다음 각목의 행위

　가. 사무소 설치 운영자금을 다른 사람(이하 "타인"이라 한다)과 공동으로 투자를 하여 운영하고 이익을 분배하는 행위

　나. 사무소 설치와 운영자금을 타인이 투자하여 운영하고 회원이 대가를 받는 행위

　다. 기타 타인에게 자기의 명의를 이용하게 하거나 이용할 우려가 있을 수있는 편의를 제공하는 행위(사무소 내에 타인을 근무하게 하고 타인이 실제로 독립채산 운영하는 행위 및 회원의 인장을 타인이 보관 사용하는 행위를 포함한다)

23. 세무사가 계쟁권리를 양수하는 행위

24. 임원 등 선거관리규정 제9조의2를 위반하는 행위

25. 회원이 기업진단을 허위로 하는 행위

26. 전기 각호 이외의 행위로서 세무사법령, 회칙 및 회규 등
에서 규정하고 있는 회원의 의무를 위반한 행위

제4조(심의)

① 윤리위원장은 회칙제46조의 제2항의 규정에 의하여 회장의
징계요구가 있을 때에는 지체없이 각 소위원회에 배정하여
이를 심의케 하여야 한다.

② 제1항의 규정에 의하여 배정받은 소위원회는 이를 성실공정
하게 심의하여야 한다.

③ 위원장은 전항의 심의를 할 때에는 그 심의의 일시및 장소
를 정하여 심의대상회원에게 통지하여야 한다.

④ 제3항의 통지를 받은 회원은 심의일시에 출석하여 진술, 설
명또는 자료제출 등으로 소명할 수 있다. 다만 소위원회는
위의 소명이 없을 때에는 당초조사서에 의해 심의를 한다.

⑤ 위원장은 심의중 업무정화조사위원회에서 징계회부된 사항
에 대해 조사가 더 필요하다고 인정할 때에는 업무정화조사
위원장에게 보정요구또는 재조사케 하거나 그 심의위원으
로 하여금 현지에 출장조사케 하고 당사자또는 관계인을 출
석시켜 진술, 설명 또는 소명자료의 제출을 요구할 수 있다.

⑥ 상임위원은 심의결과를 별지 제1호서식의 심의보고서에 의
하여 즉시 위원장에게 보고하여야 한다.

⑦ 제6항에 의하여 보고를 받은 위원장은 간사와 함께 이를 검

토하여 위원회에 부의하거나 재심의를 요구하여야 한다.

제4조의2(조사)

외부기관에서 이송된 사건중 중대한 사항은 윤리위원회에서 직접 조사처리할 수 있다.

제4조의3(상임위원회 설치)

① 윤리위원회(이하 "위원회"라 한다)는 회원의 윤리에 관한 사항을 원활히 처리하기 위하여 8인의 상임위원을 둔다.

② 소위원회는 위원장(상임위원)과 윤리위원으로 구성하고 각 소위원회는 3인 이상 5인 이내로 구성하며 회장으로부터 위원회에 회부된 회원윤리사항등을 심의한다.